ELIM

*LA APASIONANTE HISTORIA DE UNA IGLESIA
TRANSFORMANDO UNA CIUDAD
PARA JESÚS*

Joel Comiskey

www.joelcomiskeygroup.com

Copyright © 2004, 2011 por Joel Comiskey

Publicado por CCS Publishing
23890 Brittlebush Circle
Moreno Valley, CA
www.joelcomiskeygroup.com
1-888-344-2355

Título del libro en Inglés: "Passion and Persistance"
Originalment publicado por "Cell Group Recources"
ISBN (en Inglés) 1-9752896-1-6
Copyright 2004 por Joel Comiskey

Traducido por José Carlos Ardón Reyes
Originalmente publicado en Español por Editorial CLIE

Interior: Sarah Comiskey

Todos los derechos reservados en todo el mundo. Ninguna parte de esta publicación puede ser duplicada o transmitida en forma alguna o por medio alguno, electrónico o mecánico, incluyendo fotocopias, grabaciones o cualquier otro sistema de almacenamiento de información, sin el permiso por escrito de CCS Publishing.

Todas las citas bíblicas, a menos que se indique lo contrario, son de la Santa Biblia, Nueva Versión Internacional, Copyright © 1973, 1978, 1984 por Sociedades Bíblicas Internacional. Usados con permiso.

ISBN 978-1-935789-12-3

Tabla de Contenido

Prefacio 3

Introducción 11

Capítulo 1: El corazón de Elim 17

Capítulo 2: El viaje de Elim 23

Capítulo 3: Dios prepara su hombre 35

Capítulo 4: El pastor y su visión de crecimiento 53

Capítulo 5: Las Escrituras y el poder de Dios 65

Capítulo 6: Penetrando la ciudad a través de las células evangelizadoras 71

Capítulo 7: Trabajando unidos para obtener resultados 79

Capítulo 8: Cuidando a los soldados 87

Capítulo 9: Preparando a los líderes para la batalla 99

Tabla de Contenido

Capítulo 10: Expandiendo la red organizacional   103

Capítulo 11: Celebración con visión   109

Capítulo 12: El poder en el aire: Tomando la ciudad a través de las ondas radiales   113

Capítulo 13: El ejército se expande a todo el mundo   119

Notas   123

Índice   129

Recursos de Joel Comiskey   131

Reconocimientos

A los fieles líderes de células y Pastores de la iglesia Elim que con su sacrificio son un modelo de humildad, persistencia y pasión para mí y el resto del mundo.

Prefacio
Por Mario Vega, Pastor General

¡Increíble! ¡Increíble! ¡Increíble! Ésta era la palabra que repetía para mí mismo una y otra vez al leer por vez primera el borrdor del libro *Elim, la apasionante historia de una iglesia transformando una ciudad para Jesús*, de Joel Comiskey. Lo narrado en el libro resulta tan fuera de lo común que al ponerme imaginariamente en la posición de una tercera persona imparcial lo rechazaría por considerarlo exagerado y fuertemente inclinado a favor del modelo celular.

Ciertamente, es increíble que pueda existir una iglesia como la presentada en este libro. No lo creería a no ser por dos razones importantes: La primera, porque conozco al Doctor Joel Comiskey desde hace varios años y lo identifico como un verdadero hombre de Dios. Con Joel hemos compartido momentos breves pero intensos en di-versos países, principalmente de Sur América, tanto como expositores en conferencias sobre crecimiento de la iglesia como en reuniones de trabajo o visitas de cortesía.

Con Joel he compartido el nerviosismo que nos rodea y que ante-cede a la apertura de una nueva conferencia celular. Es un nerviosismo que deriva del serio compromiso de dar un aporte útil a pastores que han viajado mucho, incluso cruzando fronteras, para escuchar nuestras conferencias. Fue precisamente al calor de uno de esos momentos en Santiago de Chile donde comprendimos que la voluntad de Dios era que este libro fuera escrito, tal como el mismo Joel lo relata en la introducción.

Joel es un hombre sincero y de amplio criterio. Temeroso de Dios, respetuoso de los ministros del evangelio y amante de todas las personas. Capaz de responder las preguntas claves sobre el modelo celular que experimentados pastores puedan hacerle como también de conducir con ternura a los meseros que nos han atendido en restaurantes a recibir a Jesús como su Salvador.

Pero Joel no solamente es un cristiano ejemplar, lo cual sería suficiente para saber que no miente, sino que además es un investigador científico. Sus trabajos son conocimientos ordenados cuya veracidad comprueba y puntualiza constantemente. Posee la capacidad de extraer el carácter general, universal, necesario y objetivo de la verdad.

Joel se ha dedicado por varios años al estudio del modelo celular en el ámbito mundial en lo cual es un experto. Comparte sus conocimientos utilizando los recursos del pensamiento lógico y elabora sus conclusiones basándose en hechos. Joel nunca da por sentado nada que no haya comprobado previamente por sí mismo y cuando menciona informaciones de terceros siempre lo aclara en sus trabajos.

La fuerza de su objetividad reside en la capacidad de descubrir tras lo casual y caótico los principios objetivos sin cuya comprensión no sería posible desplegar una actividad práctica y consciente orientada a la implementación exitosa del modelo celular.

La segunda razón por la que sí creo en la veracidad de Elim es porque, por el misericordioso designio de Dios, soy el pastor de esa iglesia. Cuando una persona es parte de un hecho histórico apenas logra percibir la singularidad de lo que vive. Lo que para terceros es impresionante se diluye ante la condición de la cotidianeidad de quien lo vive.

Es muy impresionante saber de una iglesia local que puede congregar a 150.000 personas en una gran celebración, en una ciudad con una población total de un millón y medio de personas, como resultado de la aplicación del modelo celular; pero, para quienes hemos visto crecer esta iglesia desde sus orígenes, nos parece un paso normal y esperado.

El leer el libro de Joel me permitió ubicarme en la perspectiva de quien ve a la iglesia Elim desde afuera y tal visión me llevó a repetir: ¡Increíble!

Hay algo en común entre Joel y Elim y es que nos gusta apegarnos a los hechos. Es común escuchar de grandes números en diversas iglesias del mundo. Pero en Elim no nos gusta hablar de números sino mostrar las multitudes de la iglesia. No hablaríamos de una iglesia de más de 110,000 miembros si no pudiésemos congregar a 150,000 personas de manera verificable. Al momento de escribir estas líneas nos preparamos para nuestro próximo gran evento con 200,000 personas.

Todo esto jamás hubiese sido posible sin el extraordinario ejemplo que constituye la obra del Pastor David Yonggi Cho y su Iglesia del Evangelio Completo de Yoido en Seúl, Corea del Sur. Todo comenzó con la llegada de su libro La Cuarta Dimensión a El Salvador en el año de 1982.

No podría este libro de Elim salir a circulación mundial sin que haya de mi parte un agradecimiento profundo por las importantes enseñanzas que el Pastor Cho ha dado a la iglesia cristiana universal no solamente sobre el modelo eclesial en el Nuevo Testamento, que conduce al crecimiento ya conocido, sino también sobre la fe, la oración, la dependencia del Espíritu Santo y la humildad.

Dejo en sus manos esta historia de la iglesia Elim, muy bien elaborada por el Doctor Joel Comiskey, que probablemente usted la calificará de increíble. Pero verdadera, se lo aseguro.

Mario Vega
Pastor General, Iglesia Elim

Atención: Este libro no habla acerca de claves secretas o misteriosas, usted no encontrará fórmulas mágicas, recetas de éxito instantáneo o algunas otras técnicas de crecimiento rápido. El crecimiento de Elim, puede ser atribuido a su pasión por Jesús, su persistencia en los fundamentos de una iglesia celular y a la penetración evangelizadora que multiplica las células por toda la ciudad.

Encuentro con el Pastor General: Mario Vega

Mario Vega, Pastor General de Iglesia Elim desde 1997, llegó a Elim en 1977, cuando la iglesia apenas comenzaba. Dejó la iglesia madre de San Salvador el 14 de abril de 1980 para ayudar a una pequeña y luchadora iglesia Elim en Santa Ana, una provincia de El Salvador. Bajo su liderazgo, Elim Santa Ana creció a más de 7,000 miembros y desde que la dejó, en 1997, la iglesia ha alcanzado cerca de 10,000 personas (promedio de asistencia a células.)

Cuando se pidió a Sergio Solórzano, el Pastor fundador, dejar el cargo de la iglesia madre, la junta directiva le pidió a Mario Vega que asumiera el liderazgo de Elim San Salvador. Desde que Mario tomó el liderazgo de la iglesia en San Salvador, en 1997, la Iglesia ha crecido de 95,000 personas a 116,000 personas. (Promedio de asistencia a células durante 2002.)

Mario y yo somos grandes amigos, mi primer encuentro con él fue en 1998 en Quito, Ecuador, cuando Mario llevaba a cabo un seminario celular en nuestra iglesia celular de la Alianza Cristiana y Misionera. Mario y yo condujimos seminarios acerca de las células entre los Bautistas del Sur en Chile en el año 2000 y en Paraguay en el año 2001.

En 2002, mientras era parte de otro seminario en Chile, le comenté a Mario: «Realmente necesitas escribir un libro acerca de tu iglesia, un libro que le dé el equilibrio necesario a la iglesia celular en el mundo». Él reconoció la necesidad, pero se preguntaba cómo su apretado horario le permitiría tal tarea.

A la mañana siguiente, en mi tiempo de quietud, Dios imprimió su gentil voz sobre mi corazón diciendo: «Joel, quiero que escribas el libro acerca de Iglesia Elim». Le conté a Mario acerca de mi encuentro con Dios y él me respondió: «He estado orando constantemente para que Dios te mostrara esto, siempre he creído que tú eres la persona que tiene que escribir el libro que hable acerca de la historia de Iglesia Elim».

Seguir los principios

En los años que me he ido familiarizando con Mario, me he dado cuenta que él ha estado interesado en promover los principios celulares de la iglesia más que en promover dogmáticamente su propio modelo de iglesia como el sistema verdadero. El Pastor Mario continuamente se conecta con diversas iglesias celulares en el mundo viendo su propia iglesia como una parte de un todo.

Mario obviamente está muy emocionado acerca de lo que Dios está haciendo a través de Elim y audazmente promueve lo que les ha funcionado. Él se da cuenta, sin embargo, que copiar literalmente un modelo, raramente funciona. Iglesia Elim, de hecho, nunca copió literalmente el modelo del Pastor Cho. Cambió y adaptó el modelo celular coreano para encajarlo en sus propias y únicas circunstancias.

Creo firmemente que se necesita este libro en la iglesia mundial actual para dar equilibrio y perspectiva. Cuando nuestro equipo de Pastores en Ecuador (donde fui misionero de la Alianza Cristiana y Misionera por once años) visitó la «Misión Carismática Internacional» (MCI) en Bogotá, Colombia, noté que nuestro Pastor Principal estaba pensando seriamente en copiar todo lo que él veía en la MCI. Mi medicina preventiva fue animarlo a que visitara Misión Elim en San Salvador. Quería que viera un modelo de iglesia celular diferente que estaba creciendo tan rápidamente como el de la MCI. Mi esperanza era que el Pastor Principal pudiera ver al menos dos iglesias celulares inmensas que estaban siguiendo modelos completamente diferentes de manera que comprendiera que el éxito de la iglesia celular, no está en copiar el modelo de otra. El ministerio de la iglesia celular es exitoso cuando el Pastor comprende tan bien los principios que los puede aplicar en su propio contexto.

Yo animo a los Pastores a que comprendan los principios que están detrás de los modelos celulares exitosos y que estos principios los apliquen a sus contextos particulares. Les digo: Aquellos que tratan de copiar modelos, usualmente fracasan. Después del fracaso, estas mismas iglesias se quejan de que la iglesia celular no funciona. El problema, sin embargo, es tratar de llevar un modelo y transportarlo a otro contexto y a otra cultura. Los modelos raramente se transfieren de una cultura a otra, pero los principios sí. Un modelo de iglesia celular está cargado con personalidades únicas, valores, dones, historia, cultura y dinámicas espirituales. Sin embargo, los principios multiculturales probados pueden superar una amplia variedad de barreras y aun funcionar.

Le pregunté a un Pastor exitoso de una iglesia celular: «¿Qué modelo esta siguiendo?». Él me contestó: «Desde el comienzo en la plantación de nuestras iglesias, decidimos que la creatividad sería uno de nuestros valores centrales, creemos en un Dios creativo que trabaja en circunstancias únicas y así decidimos no seguir solamente uno o dos modelos. Sí, hemos tomado los mejores principios; pero hemos sido muy conscientes en desarrollarnos en nuestras circunstancias únicas».

Dos de mis anteriores libros se enfocaban en el movimiento Grupos de 12 que se originó en la Misión Carismática Internacional en Bogotá, Colombia. Algunos podrían haber asumido que yo promovía principalmente el modelo de la MCI, pero no es verdad. Estoy apasionado acerca de lo que Dios está haciendo con la iglesia celular en el mundo. La MCI es sólo una de estas iglesias celulares que Dios está usando, Elim es otra.

Amo los principios de la iglesia celular probados de Elim y espero que usted los comprenda y aplique en su iglesia.

Capítulo Uno

El corazón de Elim

Tengo la responsabilidad de pastorear 1,500 personas», me dijo el Pastor de zona cuando viajábamos del aeropuerto con destino a Iglesia Elim. Acababa de arribar a San Salvador en 1996 para estudiar a la iglesia Elim y éste era mi primer contacto con un Pastor de Elim. «Tenemos 70 Pastores a tiempo completo en el equipo y cada uno de nosotros cuida un número similar de personas...», continuó él.

Yo trataba de comprender cómo Elim había logrado tan asombroso crecimiento. Noté su total compromiso con la estructura de grupos celulares, pero sabía que muchas otras iglesias estaban también comprometidas con una estructura de iglesia celular. Comencé a preguntarme: ¿Qué es lo que hay en el corazón de esta iglesia?

Mientras me sumergía más profundamente en el corazón de iglesia Elim, durante los siguientes 7 años, noté un tema primordial: PASIÓN. La iglesia Elim es un ejército apasionado más que una milicia rígida y fría. Las personas en Elim están apasionadas por Jesucristo. Su amor por Jesús los anima a esperar grandes cosas de Dios y a intentar grandes cosas para Dios. Muchas otras palabras describen a Elim: servicio, evangelismo y liderazgo, pero ninguna de ellas describe más el ritmo del corazón de Elim como la pasión.

Todas las otras características o rasgos ministeriales surgen de la pasión por Jesús. La persistencia y la penetración, por ejemplo, son dos subtemas claves que fluyen de la pasión de Elim. La iglesia Elim es un ejército apasionado que avanza para ganar almas con el propósito de conquistar una ciudad para Jesús.

Pasión: el corazón de Elim

La palabra pasión significa *Una emoción intensa o irresistible, un entusiasmo intenso por algo: un vivo interés por una materia o una actividad en particular, tal como la pasión por la música.* [2]

El vivo interés y entusiasmo en iglesia Elim es Jesucristo y su gloria. El sistema celular les da alas para expresar su pasión por Dios, hacer de cada uno un ministro y descentralizar la iglesia de manera que todos puedan estar involucrados.

«La pasión es la clave de nuestro éxito», me dijo Mario Vega. «Sin pasión no funciona. Si el líder de célula no tiene pasión, no podrá reproducir su vida en otros. La cosa más importante del liderazgo es la pasión. Debes tener pasión.»

Mario continuó: «El Pastor debe tener la pasión primero. Esta pasión debe desbordarse en una visión más amplia y soñar con conquistar una ciudad entera y el mundo para Jesús. No obstante, solamente Dios puede dar a su pueblo la pasión por él mismo y por su obra. La convicción de servir apasionadamente a Jesucristo debe originarse en Dios mismo».

Eulalio Rivera ejemplifica esta pasión. El 16 de febrero de 1997 Eulalio recibió a Jesús a través de un grupo celular de Elim. Previamente, había estado envuelto en drogas, alcohol y rebelión. Frecuentemente era llevado a la cárcel por su conducta destructiva. Su esposa y su familia huyeron y sus hijos no querían nada con él. Aún su padre y su madre lo abandonaron, notando que estaba fuera de control. En su ceguera espiritual, trató de suicidarse para terminar con su vida arruinada.

Durante ese tiempo, un miembro de uno de los grupos celulares de la vecindad se acercó a Eulalio con las buenas nuevas de Jesucristo. Y le preguntó sin rodeos: «¿Por qué estás tratando de destruirte a ti mismo cuando Jesús te ofrece una vida abundante?»

A través del amor de este miembro de la célula, Eulalio finalmente recibió a Jesucristo. Inmediatamente comenzó a asistir al grupo celular del sábado por la noche y a la reunión de planificación de los días miércoles así como también a los servicios de celebración en la iglesia. Jesús comenzó a sanar a Eulalio quitándole el deseo por las drogas, el alcohol, y su propia conducta autodestructiva.

Como el endemoniado que Jesús sanó, Eulalio comenzó a decir a otros cuán grandes cosas Dios había hecho por él y los invitaba al grupo celular. Muchos de sus viejos amigos recibieron a Cristo a través de la célula. «Mis amigos sabían lo que yo era antes», me dijo Eulalio. «Mi vida entera era un testimonio para ellos del poder de Dios para cambiar vidas.»

Un año después de recibir a Jesucristo, Eulalio comenzó a liderar su propia célula. Como muchos otros líderes, él tuvo que cumplir varios requisitos:

1. Bautismo en agua y en el Espíritu Santo.
2. Casarse oficialmente con su esposa.
3. Completar el curso de formación de líderes de Elim.

Desde entonces, el fuego de la pasión de Eulalio lo ha movido a multiplicar su célula treinta veces. Y no sólo ha multiplicado su propio grupo celular muchas veces sino también su sector (compuesto de cinco células) siete veces. Como ingeniero eléctrico, él sirve a la iglesia en su *tiempo extra*. Él mira el servicio cristiano como un gran privilegio. «Estoy aún en el proceso de saneamiento. Tengo que vivir con mis errores pasados, pero Jesús me ayuda a vivir para él.»

Elim aviva la pasión de sus miembros añadiendo una corriente constante de nuevos conversos que son entrenados y enviados al campo de la cosecha para penetrar un mundo en tinieblas para Jesús.

El nombre Elim, de hecho, se encuentra en la Biblia. Cuando los hijos de Israel estaban buscando agua «Llegaron a Elim, donde había doce fuentes de aguas, y setenta palmeras; y acamparon allí junto alas aguas» (Éxodo 15:25-27). Elim provee fuentes en el desierto para todos esos que están desesperadamente sedientos.

La iglesia Elim tiene un gran sistema celular, pero tiene algo más que solamente el sistema. Tiene una pasión contagiosa que hace que el proceso de discipulado funcione. Esta pasión se manifiesta a sí misma en el compromiso de la gente para servir a Cristo y a los demás. Un líder celular en Elim debe estar completamente comprometido con Jesucristo ante todo. En segundo lugar, el líder debe estar completamente comprometido con la visión de penetrar la ciudad para Jesús a través de la multiplicación de las células.

«La multiplicación es un triunfo porque significa alcanzar más personas para Jesucristo», me dijo Mario.

La pasión para multiplicar grupos celulares es la pasión que conduce a Iglesia Elim. Otras iglesias en la ciudad están utilizando ahora el sistema celular de Elim, pero no crecen tan rápidamente. «¿Por qué?» pregunté. «Pasión» fue la respuesta que continúa sonando en mi oído. «Ellos no crecen tan rápidamente porque carecen de pasión.»

Elim tiene la pasión que Dios ha fundido en ellos. Eso les da el celo para continuar. La pasión genera el compromiso y el amor necesarios para hacer que el sistema celular funcione.

Algunas personas piensan que solamente los extrovertidos poseen pasión. Piensan que a menos que sean emocionalmente expresivos, nunca lograrán obtener esta pasión. Sin embargo, Mario Vega es una persona introvertida y muy introspectiva. Una pasión por Jesucristo sobrepasa las personalidades humanas. Cualquiera, de hecho, puede poseer la pasión por Jesucristo, si desea pasar tiempo en su palabra y su presencia. Descubriremos en este libro cómo en Elim poseen una pasión ardiente a través de una dieta continua de la palabra de Dios, el ejercicio de los dones del Espíritu y la oración.

En realidad, el salvadoreño común no posee muchas pasiones en su vida. Muchos solamente quieren pasar la vida. La iglesia Elim, sin embargo, les da la oportunidad a las personas de ser alguien especial. El sistema celular provee a la gente de un sentido de dignidad y de valor. La iglesia le da a cada persona la oportunidad de aprender el liderazgo a través del servicio a otros. La iglesia agita la pasión que ellos tienen para llegar a ser todo lo que Dios quiere que ellos sean.

Persistencia

Muchas iglesias tienen grandes sistemas celulares pero carecen de la persistencia para hacerlos que funcionen. No es el caso de Elim. Ellos persisten hasta que funciona. La pasión en Elim conduce a las personas a persistir tenazmente en el trabajo de penetrar a la ciudad a través de la multiplicación de sus células. Otras palabras para describir la persistencia son: perseverancia, determinación, obstin ación y diligencia. He notado cierta determinación obstinada para hacer que el sistema funcione.

Pregunté a Carlos Arturo Luna, uno de los ancianos de Elim, porqué Elim continuaba creciendo a través de la visión celular. Me contestó: «Muchas iglesias oyen acerca de nuestra visión celular, pero ellas no continúan, se quedan a medias». El trabajo continuo y más allá de lo requerido usualmente separa al éxito del fracaso.

Jim Collins, en su libro *From Good to Great (De lo bueno a lo Grande)* describe el mejor liderazgo como: «Ferozmente dirigido a producir resultados»[3] y tener una «diligencia concienzuda y absoluta».[4]

Cuando se le preguntó a Alan Wurtzel, gerente general de la compañía Circuit City, por qué motivo su compañía había tenido mejores resultados que su principal competidor, respondió así: «Hay un caballo de exhibición y hay un caballo para arar, él fue más un caballo de exhibición, en tanto que yo fui más un caballo de arar».[5] Elim, definitivamente cae en la categoría de ser un caballo de arar, laborioso.

Elim no es una iglesia al estilo *Hollywood*. Aquellos que la visitan no quedan impresionados por un edificio lujoso, un sistema de sonido o por aparatos de alta tecnología. Lo que sí impresiona es la persistencia puntual, como un reloj, de su multiplicación celular, de su prédica y de su organización estilo Jetro.[6] Los grupos celulares de Elim se han incrementado justo cada año.

Penetración

Elim apasionadamente persiste para penetrar al mundo a través de los grupos celulares multiplicadores. Su estrategia es un cristal claro: Existen para poblar toda la ciudad de San Salvador y más allá con sus grupos celulares evangelizadores. Cada célula tiene el mismo ADN de evangelismo y de discipulado que la lleva a su multiplicación. Sus células nacen para multiplicarse. La declaración de cinco partes de Elim es:

1. Tengo un propósito.
2. Mi propósito es ganar almas.
3. Cumplo mejor mi propósito en un grupo.
4. Nunca estaré satisfecho hasta que cumpla mi propósito.
5. No tengo promesa del mañana.[7]

Elim se prepara para el evangelismo pidiéndole a cada célula tener una reunión de planificación semanal a manera de planear las invitaciones y las visitas. (Esto se discutirá con profundidad en un capítulo posterior.) Durante estas reuniones de planificación, el núcleo de la célula, discute cuan efectivamente evangeliza durante la reunión del grupo de sábado por la noche.

Los miembros de la célula conocen que la planificación, al final, significará más gente perdida encontrada y la gran comisión de Cristo cumplida.

Ellos miran su vida como cumpliendo el propósito de Dios y a causa de esto sacrifican su tiempo y su energía para hacerlo realidad.

Capítulo Dos

El Viaje de Elim

De acuerdo a la palabra de Dios en Éxodo capítulo 15, los hijos de Israel viajaron a través del desierto para acampar en Mara, que significa amargura. Los Israelitas descubrieron pozos de agua desavgradable y amarga en Mara y por eso debieron continuar su viaje. Después llegaron a Elim, donde había doce fuentes de aguas y setenta palmeras, y acamparon allí junto a las aguas (vv. 15-27).

Todo este libro y específicamente este capítulo, describe el viaje de Iglesia Elim. Al igual que los hijos de Israel, la iglesia ha experimentado su porción de experiencias de desierto amargo y seco, no obstante la fuente de agua viva de Elim satisface la sed de cerca deciento veinte mil personas cada semana en San Salvador solamente.

El movimiento Elim nació en Guatemala cuando el Doctor Othoniel Ríos Paredes comenzó a predicar. Su madre oyéndolo predicar le dijo: «Cuando predicas me siento como los hijos de Israel en Elim». Sergio Solórzano, un miembro de Elim en Guatemala, fue enviado por la iglesia madre para establecer un oasis en El Salvador en 1977.

Los cimientos iniciales

El trabajo inicial comenzó con cuatro parejas y una persona soltera en mayo de 1977. El pequeño grupo rentó una casa en el barrio Santa Lucía, en Ilopango, una ciudad a corta distancia de San Salvador, la capital de El Salvador.

Sergio Solórzano fue ordenado como Pastor de la iglesia el 28 de mayo de 1977 por el Dr. Othoniel Ríos Paredes.

En noviembre de 1977 la asistencia había crecido hasta cien personas y la Iglesia comenzó a buscar un nuevo local. En 1978, con cerca de ciento cincuenta personas, la Iglesia dio un enorme paso de fe: Rentaron una bodega con capacidad para mil quinientas personas. Éste fue un acto de fe que requería un compromiso financiero mucho más allá de sus propios recursos.

Carlos Ardón, gerente de producción para la estación de radio de Elim, se unió a la Iglesia en 1978, y pronunció las siguientes palabras:«Comencé a asistir a Elim como visitante, me gustaban las predicaciones del día de semana. A diferencia de los servicios de otras iglesias, el mensaje de Elim era profundo, la adoración dinámica, y me gustaba en especial el orden de la iglesia. En algunas iglesias la gente hablaba durante los servicios, esto no ocurría en Elim».

Sergio Solórzano era un predicador poderoso y elocuente que usaba todo el rango de su voz para llegar a la gente, tenía una llama de pasión en su predicación.

En una ocasión, él predicó que a menos que la Iglesia abandonara el pecado, Dios no los bendeciría, y el propósito tras la nueva bodega con 1,500 asientos no tendría sentido. «Aún este micrófono no tiene ningún valor», dijo, y lo lanzó con fuerza a un lado del salón. En otra ocasión rompió un púlpito de acrílico golpeándolo con su puño. La gente estaba impresionada y asombrada anhelando más. Se me dijo que en otra ocasión, él golpeó el púlpito tan fuertemente que su piel se abrió y comenzó a salir sangre de su herida, él continuó predicando y simplemente envolvió su herida con un pañuelo

La audacia de Solórzano está bien documentada. En una ocasión salió de su carro cuando vio una procesión de católicos marchando por la calle detrás de sus imágenes. Irrumpió entre la muchedumbre por en medio y predicó en voz alta: «Se van a ir al infierno sin el Jesús verdadero». La multitud estaba tan perpleja y asombrada que permanecieron en silencio.

Todos los Pastores en ciernes querían actuar exactamente como Solórzano. Trataban de imitarlo cuando predicaban hasta el punto de copiar sus errores gramaticales.[8]

No obstante, Solórzano también tenía un lado humano, le encantaba bromear y hacer que la gente se sintiera cómoda. Se me dijo que en diez minutos podía hacer que cualquiera se sintiera relajado. La frase en español «don de gentes» describe esta característica única de Sergio Solórzano. Amaba a la gente y no era extraño que llamara a sus amigos a las 2 de la madrugada únicamente para disfrutar de su fraternidad.

Primeros alcances

En 1979 la Iglesia abrió su primera iglesia hija en la ciudad de Zaragoza, localizada a unos 20 kilómetros al sur de San Salvador. En ese mismo año, Elim abrió otra iglesia filial en la ciudad de Santa Ana, la segunda ciudad más importante de El Salvador, localizada a unos 65 kilómetros de la capital. En abril de 1980 la iglesia Elim envió a Mario Vega a la iglesia de Santa Ana llegando a ser el primer Pastor ordenado permanente.

Desde sus comienzos en 1977, Elim El Salvador transmite su mensaje usando la radio. El 13 de julio de 1986, como resultado de la donación de un miembro, la Iglesia compró su propia estación de radio. A sugerencia del Pastor Mario Vega, la iglesia adoptó el nombre de «Radio Restauración».

La radio es parte del ADN de Elim y le ayuda a conectar los grupos celulares neo-testamentarios al cuerpo más grande de la iglesia que se reúne en los cultos de celebración.

Se inicia la Guerra Civil

La mayor parte de la población de 6.5 millones de El Salvador es pobre y sufre la falta de vivienda adecuada, servicios de salud y servicios básicos. La desnutrición es un problema mayor en buena parte del país que depende mucho de los alimentos importados. Sin embargo, unas cuantas familias ricas controlan la mayoría de las riquezas del país.

La inigualdad de la distribución de la riqueza condujo a una guerra civil que estalló sin control en enero de 1981 entre las guerrillas izquierdistas y el ejército. La guerra continuó por once años más, cobrando setenta y cinco mil vidas y causando migraciones masivas de la población rural a San Salvador, la capital.

«No pudimos dejar nuestra casa durante tres días», dijo una líder de célula. «Las balas estaban volando por todas partes.»

«¿Siguieron reuniéndose los miembros de la célula?», pregunté. «Por supuesto», me respondió la líder, «nosotros también somos soldados en una guerra espiritual».

Carlos Ardón recuerda cuan peligroso era viajar de noche. «En ese tiempo se arriesgaba la vida cada noche para poder ir a la iglesia porque la guerrilla saboteaba la economía a través de la quema de buses y la destrucción de las líneas del tendido eléctrico. Después de las siete de la noche ya no había servicio de transporte público. Una noche un hermano se ofreció a llevarme en su camioneta. Repentinamente una patrulla de la policía paró el carro y nos revisó a todos. Entonces explotó una bomba. Las luces se apagaron y los policías que llevaban carabinas M-1 y rifles de asalto G-3 corrieron a cubrirse y nos gritaban desde el suelo que nos fuéramos rápidamente. En tales condiciones, si olvidabas tu documentación, podías morir.»

La guerra devastó la economía causando un estimado de dos mil millones de dólares en daños económicos. Durante la década de los '80 El Salvador dependió de los más de cinco mil millones de dólares que recibió en ayuda extranjera, sobre todo de los Estados Unidos.

Los combates más fuertes tuvieron lugar en San Salvador en 1989. Durante trece días la lucha se libró literalmente casa por casa. El ejército bombardeó los vecindarios populares donde vivían muchos de los miembros de Elim.

Justo cuando el gobierno estaba a punto de colapsar, tropas norteamericanas desembarcaron en el aeropuerto militar de El Salvador listas para combatir a los rebeldes y tomar control de las instalaciones militares. Ambos bandos se dieron cuenta de que carecían de la fuerza para derrotarse el uno al otro. Consecuentemente, ambas partes alcanzaron un acuerdo político en 1992, aunque muchas heridas y sentimientos de amargura aún existen entre el pueblo.

En medio de ese sufrimiento, Dios hizo cosas asombrosas. La iglesia evangélica en El Salvador creció de un 2,3 % de la población al actual 25%.

En 1983, dos años después de que comenzase la guerra, la iglesia madre en El Salvador había crecido a unos mil quinientos, requiriendo que el edificio original con capacidad de unos mil quinientos se expandiera a tres mil. En 1985, Elim apretó el paso en la fe y adquirió una gran porción de tierra en la parte sur del barrio en que nació con el objetivo de construir un auditórium.

Puesto que la congregación carecía de las finanzas para construir inmediatamente, instalaron una gran carpa para atender los servicios de celebración. En 1985, la iglesia madre había plantado setenta iglesias hijas más pequeñas.

Mientras la guerra continuaba, la migración a la capital era constante. Algunas de las ciudades de la periferia también fueron absorbidas por San Salvador. Una de esas ciudades era Ilopango, donde estaba localizada Elim. Repentinamente la iglesia Elim se encontró en medio de un fenómeno de urbanización irregular.

Como resultado de la violencia económica y política en El Salvador muchos salvadoreños migraron fuera del país, principalmente a los Estados Unidos de América. Se calcula que aproximadamente un millón de personas huyeron de El Salvador durante los días de la guerra civil y que el 20% de los salvadoreños viven en la actualidad fuera de su país.

Aquellos que huyeron del país, plantaron iglesias Elim en lugares como Honduras, Costa Rica, Estados Unidos, Canadá y Australia. La iglesia madre en El Salvador coordinaba a las iglesias hijas en una red autónoma de iglesias Elim.

La defensa de la Fe

Durante 1983 la iglesia Elim de Guatemala comenzó a recibir maestros que enseñaban doctrinas extrañas. Estas doctrinas recibieron el beneplácito del Dr. Othoniel Ríos Paredes, el fundador de iglesia Elim en Guatemala. La iglesia Elim en El Salvador se plantó contra esas falsas doctrinas, afirmando su intención de no moverse en una dirección diferente.

Las desviaciones doctrinales de Elim en Guatemala crecieron al punto de cambiar las doctrinas fundamentales de la fe. Elim de El Salvador continuó conservando las doctrinas evangélicas comunes a la iglesia cristiana universal de Dios. El 9 de octubre de 1983 Elim de Guatemala envió a Jorge Serrano Elías para dar a Elim de El Salvador un ultimátum: ya sea someterse a las nuevas doctrinas o dejar el movimiento Elim.[9]

Cuando Elim de El Salvador decidió mantener su doctrina que siempre había enseñado, Elim de Guatemala los expulsó, removiéndoles de la cobertura apostólica del Dr. Othoniel Ríos Paredes.[10] Muy interesante, Elim de El Salvador era expulsada por continuar creyendo las mismas doctrinas que el Dr. Ríos Paredes había enseñado durante años.

Junto con la expulsión vino la petición que Elim de El Salvador cambiara su nombre. Sin embargo, para ese tiempo, la iglesia Elim estaba oficialmente registrada ante el gobierno de El Salvador y tratar de cambiar de nombre durante un período de guerra civil era un proceso legal complicado que la Iglesia no estaba preparada para emprender.

Desde entonces la iglesia Elim en Guatemala y la iglesia Elim en El Salvador han compartido el mismo nombre. Con el propósito de diferenciar las dos Elim, cada Elim fue llamada por el nombre del país del cual la iglesia madre era originaria.

Elim de El Salvador fue fundada por el Pastor Sergio Solórzano. La iglesia Elim fundada por el Dr. Othoniel Ríos Paredes fue reconocida como Elim de Guatemala. Recientemente, éstos adoptaron el nombre de «Ministerios Asociados Elim (MI-EL)».

La transición a la estrategia de iglesia celular

Antes de que Elim hiciera su transición al sistema celular, varias piezas estaban ya en su lugar. Eran apasionados de la oración, de la palabra de Dios y mantenían una visión enorme de lo que Dios quería hacer. Una nueva pieza del ADN estaba lista para ser añadida: La de discipular con pasión a una ciudad para Cristo a través de las células. La estrategia de células le dio a Elim las alas para discipular a la ciudad entera.

En 1985 aproximadamente tres mil personas estaban asistiendo a la iglesia de Elim. En ese tiempo aparecieron por primera vez los libros de David Yonggi Cho en El Salvador. El modelo de Cho decrecimiento a través de los grupos celulares capturó la atención del liderazgo de Elim.

Leyeron los libros de Cho, intentaron seguir el concepto celular de Cho y fracasaron. De hecho, intentaron comenzar células en diferentes ocasiones y siempre fracasaron. Elim demostró el adagio atribuido al mismo Cho quien dijo: «Tienes que fracasar al menos tres veces en el ministerio celular antes de hacerlo bien». Como muchos otros, Elim carecía del conocimiento suficiente de cómo el sistema celular funcionaba en la práctica.

Parte de su problema inicial era el permitir a los grupos celulares crecer tan grandes que funcionaban como servicios de mini-iglesias. Las primeras células carecían de las dinámicas de evangelismo y multiplicación. A causa de que estas mini-iglesias no crecían ni se multiplicaban, se estancaban y morían.

Estremecidos por las posibilidades de la visión celular, uno de los ancianos clave leyó los libros del Pastor Cho. Esa lectura fue un punto decisivo. El anciano estaba tan impresionado que personalmente pagó los gastos para que el Pastor Solórzano visitara la Iglesia del Evangelio Completo de Yoido en Corea del Sur en 1986.

Cuando el Pastor Sergio Solórzano visitó por primera vez la iglesia del Pastor Cho, comprendió de una nueva manera la efectividad del modelo del sistema celular. En Corea, Sergio fue testigo de primera mano del sistema celular desde el punto de vista de una iglesia completa. Entonces, él imaginó a las multitudes no cristianas a través de los ojos de los grupos celulares y comprendió la conexión entre el evangelismo celular, el discipulado y el crecimiento de la iglesia.

A su regreso, Sergio reunió a los Pastores de las veinticinco iglesias hijas alrededor de San Salvador y les pidió unirse con él en una sola iglesia celular grande. Todos esos Pastores cerraron sus propias iglesias y con el tiempo se convirtieron en los Pastores de zona del nuevo sistema celular.

En septiembre de 1986 Sergio comenzó dos células. Él lideraba una y Rafael Martínez, el anciano que lo mandó a Corea, lideraba la otra. En tres meses, Sergio delegó su propia célula a un líder celular competente, mientras él enseñaba a líderes claves acerca del ministerio celular. Rafael Martínez continuó liderando su célula y multiplicándo la varias veces. Sergio dio un seminario celular intensivo a toda la congregación. Tras un mes de enseñanza diaria e intensa, la iglesia comenzó sesenta células simultáneas. Poco a poco el sistema celular mejoró desarrollando su propia personalidad y características únicas.

El crecimiento explosivo a través del ministerio celular

La iglesia creció rápidamente de 3,000 a 10,000 en la asistencia a células en un año (con una asistencia de cinco mil personas en el culto de celebración.) En 1988 las células se desplegaron a través de la ciudad con una asistencia de unas 20,000 personas. En 1991, cinco años después de la visita de Solórzano a Corea, la asistencia en los grupos celulares había crecido a 57,000 con una gran parte asistiendo a los servicios de celebración dominicales. Es importante recordar que Elim solamente cuenta oficialmente el número de células y la asistencia a las células.[11]

Al presente, cerca de 117,000 personas asisten a los 8,600 grupos celulares semanales.

Elim no mantiene estadísticas acerca de cuántas personas asisten a los servicios de celebración, pero después de observar cada uno de los seis servicios dominicales en Elim, mi estimado es por encima de 35,000 personas cada domingo.[12] ¡Es asombroso saber que asisten tres veces más personas al ministerio celular durante la semana que los que asisten a la celebración del domingo!

La meta del ministerio celular de Elim para 2003 era añadir 600 nuevas células. Esto se proclamaba en una pancarta gigantesca atrás del púlpito en el santuario principal. Hasta diciembre del año 2003, Elim tiene 115 iglesias en once países con cerca de 200,000 creyentes. Las 115 iglesias están bajo la cobertura de Elim Internacional.

Elim San Salvador, también planea construir otro auditórium en su ubicación actual. El crecimiento en la Iglesia Elim en San Salvador, El Salvador, ha sido tan tremendo que los grupos celulares rentan cerca de 600 buses urbanos para llevar los miembros de las células a los servicios de celebración. Los grupos celulares cantan en los buses mientras se dirigen a los servicios de celebración dominical.

Aunque Elim cerró las pequeñas iglesias en los alrededores de San Salvador para comenzar una sola iglesia celular grande en 1986, en un sentido muy real, Elim planta iglesias en las casas alrededor de todo San Salvador. Estas iglesias de las casas están íntimamente conectadas una con otra a través de un sistema bien planificado de cuidados y entrenamiento. Elim las llama células, pero debemos siempre recordar que Elim solamente cuenta la asistencia a la iglesia por aquellos que están asistiendo a las células cada semana.[13] La iglesia es la célula y la célula es la iglesia. Las células se reúnen todos los domingos para celebrar. La estructura de cuidado pastoral mantiene al sistema de iglesias en casa integrado. Sí, todos son animados a asistir al servicio de celebración semanal, pero el miembro de la célula se cuenta como miembro oficial de la iglesia Elim, aunque no hayan asistido aún a los servicios de celebración.[14]

El poderoso ha caído: La caída de Sergio Solórzano

La Biblia está repleta de estudios de casos de líderes de Dios que cayeron del poder debido a una vida de pecado. La caída de Sergio Solórzano del liderazgo sigue un patrón similar.

Solórzano creía que solamente Elim tenía el evangelio verdadero. Una vez durante una entrevista de radio, el anfitrión le preguntó qué era lo que él pensaba de los cien años de difusión del evangelio en El Salvador. Sergio replicó: «El evangelio solamente ha estado en El Salvador el tiempo que iglesia Elim ha existido». En lugar de crecer en humildad con Jesús y otros, él se apartó del ejemplo de Cristo. Muchos en Elim estaban preocupados por los patrones rígidos de Solórzano, pero no se atrevían a hablar con él sobre el asunto.

Así como Elim creció numéricamente, también creció en la vertiente financiera. Sergio gastaba el dinero a discreción, adquiriendo su propio yate, carros nuevos de lujo y regularmente permanecía en los hoteles más caros a pesar del hecho de que muchos miembros de Elim eran desesperadamente pobres. Conoció a una viuda católica, se divorció de su primera esposa y se casó con esta mujer.

Los ancianos supieron que Sergio tenía una relación con otra mujer en octubre del año 1995. Aunque lo abordaron acerca del problema, Sergio rehusó ante los ancianos ser responsable de sus problemas morales.

Los siguientes hechos son bien conocidos acerca de Sergio:

• Que se divorció de su esposa y se casó con otra mujer.
• Algunas hermanas en Cristo han afirmado que fueron acosadas sexualmente por él.

La inconsistencia llegó a ser tan evidente, que el liderazgo de Elim suspendió a Sergio de todas las funciones ministeriales mientras eran restauradas su salud espiritual e integridad. El Pastor Sergio no respondió a la disciplina como el concilio esperaba. Su vida, en cambio, se manchó con reiteradas inmoralidades.

Para proteger la reputación de Sergio, el liderazgo de Elim tomó la decisión de mantener sus problemas en confidencialidad a fin de facilitar su retorno después de una restauración futura. La decisión tuvo como resultado consecuencias desastrosas porque causó confusión en la congregación. Las personas, desconociendo lo que en realidad estaba sucediendo, comenzaron a tomar posiciones en el caso. Durante todo este tiempo, Sergio rehusó reconocer su pecado porque llegó al punto de pensar que Dios lo trataba de una manera diferente a los demás.

La Iglesia Elim esperó por cerca de dos años que Sergio se arrepintiera. Pero él rechazó esa opción prefiriendo alejarse del temor del Señor. El 14 de abril de 1997 Sergio Solórzano anunció al consejo de ministros de Elim (compuesto de 15 líderes influyentes de la Misión) su decisión de abandonar la Misión Elim y comenzar su propia iglesia. Dejó de lado la disciplina del arrepentimiento y la restauración que el concilio le había impuesto y tomó entre mil a dos mil miembros y trece Pastores de la iglesia madre para comenzar su propia iglesia.

Sergio continuó predicando contra el pecado, sin embargo, todos sabían los hechos en su vida. La respuesta silenciosa de la congregación era: «No puedo oír tus palabras porque tus acciones hablan demasiado fuerte».

En el momento presente, la nueva iglesia de Sergio es muy pequeña y todos los Pastores lo han abandonado.

El caso de Sergio es prueba del peligro espantoso que enfrentan algunos grupos e iglesias en la actualidad. La tentación es caer en el orgullo, creyendo que hay sólo una iglesia y únicamente una metodología. El lado satánico y siniestro de la historia de Solórzano es que él mismo llegó a quedar atrapado en los pecados contra los cuales predicaba tan apasionadamente y que, por último, lo llevaron hasta su caída. Tal como la Escritura dice en Proverbios 16:18: «Antes del quebrantamiento es la soberbia, y antes de la caída la altivez de espíritu».

Restaurando la integridad

Jorge Galindo, uno de los Pastores de distrito bajo el Pastor Solórzano, tomó la posición de Pastor encargado de Elim San Salvador en 1995. El trabajo arduo del Pastor Galindo ayudó a reducir el déficit financiero y a liquidar deudas pasadas. También comenzó a invertir en la estructura física de la iglesia que había sido descuidada durante largo tiempo. Sin embargo, la insensata decisión del concilio Elim de NO denunciar públicamente los pecados de Sergio Solórzano creó desinformación entre la congregación al punto que el liderazgo del Pastor Galindo sucumbió. A pesar de que Galindo luchó fuertemente por suprimir el desequilibro, no lo logró.

Mientras la crisis continuaba empeorando, el consejo de ministros decidió nombrar un nuevo Pastor General con el objeto de conseguir estabilidad y unidad en esa situación crítica. El concilio unánimemente le pidió a Mario Vega asumir el liderazgo, no solamente de la iglesia Elim en San Salvador, sino también de presidir a Elim Internacional.

Como mencioné anteriormente, Mario Vega había pastoreado Elim Santa Ana durante diecisiete años, tiempo en el cual había crecido a 7,000 personas (desde su partida, la iglesia ha crecido a 10,000.) El Pastor Galindo, en un acto de humildad, gustosamente cedió suposición a Mario Vega, interesado solamente en promover la obra de Dios.

El 20 de abril de 1997 Mario Vega fue presentado como Pastor General de Elim en San Salvador. Con su llegada, la congregación recibió confianza y nuevas esperanzas. La propia iglesia de Sergio Solórzano sintió las repercusiones y muchos regresaron a Elim San Salvador.

Mario Vega se dedicó a sanar las heridas entre el cuerpo pastoral y a dar un nuevo énfasis en el ministerio de mujeres, de jóvenes y de niños. Mario también restauró la integridad ministerial y el control financiero.[15] En el siguiente capítulo entraré con más detalles acerca de cómo Dios utilizó al Pastor Mario para traer sanidad a la Iglesia Elim.

Habiendo estabilizado la obra, Mario y su equipo se proyectaron a futuro planeando eventos masivos. El 8 de noviembre de 1998 Elim llenó dos estadios simultáneamente; el 14 de noviembre de 1999 llenaron tres estadios y en noviembre de 2000 la iglesia congregó a ciento veinte mil personas en cinco estadios. En noviembre de 2002, la iglesia Elim congregó a más de 150,000 personas en un área de alrededor de 8 campos de fútbol.

La explosión celular es la razón principal de tales reuniones masivas de cristianos. Cada célula invita a sus miembros y a sus vecinos. Cada zona y cada distrito conoce exactamente a que hora necesitan llegar y a que hora necesitan irse para evitar congestionamientos masivos de tráfico. Carlos Ardón me dijo: «Elim está ahora fuera de peligro y entrando a un nuevo nivel». La Iglesia nunca ha estado más sana, más numerosa y con una visión más grande. Elim está experimentando un nuevo día y una nueva visión. El mensaje del evangelio es ahora transmitido vía satélite alrededor del mundo.

Le pregunté a René Molina, Pastor y fundador de la iglesia Elim de 4,500 miembros en Los Ángeles, California, «¿Por qué piensa que es un mejor tiempo el que ahora está viviendo Iglesia Elim?».

Él me respondió: «Ahora estamos enfocados en recoger la cosecha. Estamos cosechando lo que hemos sembrado por años. La cosecha continúa viniendo y Dios nos ha mandado a recogerla con pasión. Todo lo que hacemos depende de las células. Elim ha madurado. Estoy especialmente agradecido de que Dios nos haya dado a un Pastor sabio e inteligente en la persona de Mario Vega».

Capítulo Tres

Dios prepara su hombre

El drama bíblico de David, el muchacho que llegó a ser rey de Israel, es impresionante. Es alentador saber que Dios nos moldea y nos forma a través de los tiempos difíciles. David no sabía, por ejemplo, cuando mató al león y al oso, que Dios usaría esa experiencia, para ayudarlo a derrotar a Goliat (1 Samuel 17:34). Tampoco entendió que guiar a los cuatrocientos hombres descontentos y afligidos (1 Samuel 22:1-2) al final le prepararía para liderar una nación entera.

Como David, el trabajo diestro de Dios en la vida de Mario Vega es evidente e inspirador; poco sabía Mario que Dios usaría todas las dudas y heridas de su niñez para moldearlo y formarlo en su papel de liderazgo actual.

Heridas de la niñez

A la edad de seis años, la infección de las amígdalas de Mario Vega requería de grandes dosis de medicamentos; las fuertes dosis destruyeron muchos glóbulos rojos de su sangre; los médicos lo tenían en constante observación sabiendo que si los antibióticos eran demasiado débiles la amigdalitis continuaría, pero si eran demasiado fuertes, sufriría de anemia. Mario no podía practicar deportes a causa de su frágil salud y sus compañeros de escuela constantemente le ridiculizaban por esto. El muchacho se dirigió a su padre diciendo: «¿Qué debo hacer?». Su padre no lo mandó a jugar, su padre de hecho no le dijo nada.

Al siguiente día su padre le trajo un libro y le dijo: «Esto te ayudará a superar tu aburrimiento». El libro titulado *El Mundo Maravilloso de los Insectos* le abrió todo un mundo nuevo a Mario, quien apenas podía esperar el tiempo de receso para poder leer su libro y mirar los insectos.

A ese libro siguieron docenas más. Ninguno de sus amigos leía en esa época, pero Mario se mantenía buscando nuevas ideas y conceptos a través de la página impresa. Su padre alimentó su temprana pasión por la lectura, ya que trabajaba en una imprenta y tenía un contacto regular con libros y revistas.

Los ataques y críticas de sus compañeros de escuela continuaron despiadadamente; no sólo porque no practicaba deportes, sino también, por su imparable lectura. El carácter introvertido de Mario se desarrolló en esa época. Su tendencia era simplemente ignorar a sus amigos y sumergirse en la lectura. Cuanto más lo ignoraban, más se perdía Mario en el mundo de la lectura. Cuando llegó a tener catorce años de edad, estaba leyendo libros de Albert Einstein y de filosofía llegando a ser un estudiante sobresaliente.

Mario hablaba muy poco. Carlos, el encargado de producción televisiva de Elim y compañero suyo en la escuela secundaria, recuerda a Mario dando una presentación acerca de la radioactividad. «Mario era listo, inteligente y curioso; comenzó una asociación de astronáutica que atrajo tres miembros, yo era uno de ellos».

A la edad de quince años, el novio de su hermana llegó a visitarla; este hecho normal tuvo un gran impacto en Mario, debido a que en ese momento él se dio cuenta repentinamente de que carecía de vida social. Él no sabía lo que realmente estaba sucediendo en el mundo real de la gente. El hermano mayor de Mario era muy popular pero Mario no tenía amigos, una urgencia de saltar al mundo real invadió a Mario.

Buscando respuestas

Uno de los muchachos de la vecindad donde Mario vivía era conocido como drogadicto y como buscapleitos; Mario buscó trabar una amistad con él y llegaron a ser amigos. Mario se dejó crecer el cabello hasta la altura de los hombros y descendió al mundo de las drogas y de las fiestas.

Sus padres no tenían ni idea de que Mario estaba consumiendo drogas, en parte debido a que era capaz de mantener buenas notas; pocos sabían que Mario estaba fumando marihuana continuamente.

La mamá de Mario le dijo que se cortara el cabello pero él rehusó hacerlo, puesto que su cabello era símbolo de rebelión, libertad y estatus social; aun en la escuela le pidieron que se lo cortara, pero fue capaz de evitar la vigilancia. Mario comenzó a asociarse con jóvenes que usaban drogas en la escuela secundaria ganando su amistad al conseguirles drogas, aunque él no obtenía ninguna ganancia.

Una noche sus amigos decidieron gastarle una broma. Le admi-nistraron cuatro veces la dosis normal de droga y perdió el conocimiento. Cuando volvió en sí, estaba acostado en un patio con la lluvia cayendo sobre su cara. «¿Por qué estoy aquí de espaldas mirando la lluvia?», balbuceó. Trató de levantarse pero no podía moverse, era como si estuviera atado a una camisa de fuerza. Se sintió morir. Cuando finalmente logró moverse, sus amigos se burlaron disfrutando de su cruel broma. Finalmente lo llevaron a su casa, mientras él se devanaba entre la consciencia y la inconsciencia. Puesto que la habitación de sus padres estaba al final de la casa, no se dieron cuenta cuando entró.

Las autoridades de la escuela secundaria notaron que Mario estaba involucrado en drogas y llamaron a sus padres, pero ellos se resistieron a creerlo. El hábito de drogas de Mario creció al punto de fumar dieciséis cigarrillos de marihuana en un solo día. Mario pensaba que podía dejarlo en cualquier momento, pero finalmente, cuando trató, se dio cuenta de que estaba desamparadamente esclavizado a las drogas.

Un día, cuando Mario estaba en su casa viendo por la ventana quedaba a la calle abierta, vio a un rechoncho señor de piel blanca que pasaba caminando. Mario lo miró y el hombre a su vez lo miró directamente. Se volvió y caminó hacia Mario y le entregó un panfleto acerca de Jesucristo, tomado del evangelio de Juan.

Cuando Mario lo vio, comenzó a romperlo; pero entonces oyó una voz en su interior diciéndole: «Un día te vas a arrepentir de lo que estas haciendo». Paró de romperlo lo suficiente como para reconsiderarlo. «¿Por qué habría de arrepentirme?», se preguntó. Y con este nuevo pensamiento en mente lo rompió por completo.

En diciembre de 1974 salió con uno de sus amigos marihuaneros para drogarse. Al encender el cigarrillo de marihuana, oyó otra voz interna diciéndole: «Mario, ésta es la última vez que fumarás drogas». Una vez más, él descartó la voz y continuó fumando.

Unos días después, su primo paralítico llegó a su casa, le compartió la experiencia de su conversión e invitó a Mario a ir juntos a la iglesia. La curiosidad de Mario lo llevó a ir a la iglesia de su primo, pero no quería ir solo, así que le pidió a su amigo íntimo William que fuera con él.

El reino de la luz

Mario conociendo lo que podría pasar le dijo a William: «Si nos piden ser parte de la iglesia, solamente digámosles que estamos de visita, recuerda no hacer ningún tipo de compromiso». La iglesia era tan pequeña que colocaron a Mario en un asiento y a William en otro.

Cuando el Pastor hizo la invitación, el primero que se levantó fue William. Mario estaba muy disgustado. «¿Por qué no mantuvo nuestro acuerdo?», se preguntaba.

El predicador miró directamente a Mario y le dijo: «Tú, amigo, ¿quieres recibir a Jesús?». Mario, molesto, volvió a ver al predicador y le dijo: «No, no quiero».

En el camino a casa, Mario amargamente reprendió a William:«Pensé que teníamos un acuerdo, ¿por qué pasaste al frente?». William respondió: «Sentí algo que no pude resistir».

Mientras viajaban juntos en el autobús, Mario se calmó y preguntó a William: «Muy bien, ahora que has recibido a Jesús, ¿cómo te sientes?». William respondió: «Siento una paz que nunca antes había experimentado».

Mario pensó: «¡Eso es lo que necesito! Necesito paz, el próximo domingo voy a dar mi vida a Jesús». (Mario no se daba cuenta de que podía recibir a Jesús allí en ese mismo instante.)

El 26 de enero de 1975, Mario recibió a Jesucristo durante el servicio dominical en esa pequeña iglesia salvadoreña y sintió que el amor y la gracia de Dios inundaban su vida; sobre todo, Mario experimentó la paz por primera vez.

La mamá de Mario, una católica devota, sabía que algo estaba mal cuando Mario regresó de la iglesia.

«¿Qué has hecho?», le preguntó. «¿Has abandonado la fe verdadera y te has convertido en uno de esos evangélicos? ¿Cómo puedes hacer eso? Pensé que eras inteligente.» Mario solamente escuchó y se fue a su habitación; su mundo introvertido y privado era un recurso maravilloso en momentos como ese.

William se cortó el pelo largo muy pronto después de su conversión. «¿Por qué te cortaste el pelo?», le reprendió Mario. Interiormente, Mario se había comprometido consigo mismo a nunca cortar se su larga cabellera.

Ese mismo día, Mario y William asistieron a la iglesia, al servicio bíblico del día de semana; repentinamente, el Pastor le pidió a Mario pasar al frente y le dijo enfrente de todos: «Voy a orar para que recibas el bautismo con el Espíritu Santo». Mario había deseado esa experiencia pero pensaba que tenía que esperar muchos años para recibir la, no hubo pasado ni un minuto antes de que empezara a hablaren otras lenguas. Mario permaneció en el frente por cerca de una hora llorando, hablando en lenguas y disfrutando de la poderosa presencia de Dios; todos estaban emocionados por esto.

Cuando regresó a su asiento, William le dio un peine y le dijo:«Necesitas peinarte». Mario no se había dado cuenta de cuán desordenado parecía su cabello; se sintió tan avergonzado que inmediatamente que llegó a casa, tomó un par de tijeras, se las dio a su madre y le dijo: «Córtame el pelo». Ella lo hizo ansiosamente y de buena gana.

William y Mario permanecieron en la iglesia por dos años, esta iglesia pentecostal enseñaba que la salvación podía perderse, así que muchos de los mensajes se centraban en hacer buenas obras para seguir siendo un cristiano.

La mente aguda de Mario devoraba las Escrituras, comparando verso con verso y pasaje con pasaje; notó que muchos versículos enseñaban la seguridad de la salvación: «Mis ovejas oyen mi voz, y yolas conozco, y me siguen, y yo les doy vida eterna; *y no perecerán jamás, ni nadie las arrebatará de mi mano. Mi Padre que me las dio, es mayor que todos, y nadie las puede arrebatar de la mano de mi Padre. Yo y el Padre uno somos»* (Juan 10:27-30). Ambos, William y Mario discernían inconsistencias en la enseñanza de la iglesia.

El brillante intelecto de Mario, ahora iluminado por las Escrituras, le permitía ordenar las doctrinas en categorías claras y pronto estaba explicando las enseñanzas más complejas de una manera comprensible. Enseñaba a los jóvenes la doctrina bíblica, los cuales la recibían con gran impaciencia.

Las enseñanzas de Mario chocaban con el énfasis del Pastor, así que éste le pidió a uno de sus ancianos estar siempre presente cuando Mario enseñara. El anciano amaba la enseñanza de Mario, reconociendo que estaba en concordancia con las Sagradas Escrituras. Tanto le gustaba al anciano que grababa todo para oírlo para su propia edificación personal. Sin embargo, las murmuraciones continuaban y se oían «palabras proféticas» tales como, «Cuidado con Mario Vega, está enseñando algo diferente».

El conflicto continuó creciendo, y aunque Mario y William amaban la iglesia, se dieron cuenta de que su presencia estaba dañando la fraternidad, y que era tiempo de irse. Un domingo, Mario se paró enfrente de la congregación y anunció su partida, sorprendentemente cerca de quince personas también se levantaron y anunciaron que partirían con Mario y William. El Pastor, un hombre bondadoso, los bendijo a todos esperando en la voluntad de Dios.

«¿Qué vamos a hacer con quince personas?», se preguntaba Mario.

«Reunámonos en una casa y continuemos nuestros estudios bíblicos», dijo William, que era el líder del grupo. El grupo decidió que al final comenzarían una iglesia con William como Pastor. Mario enseñaba la Biblia al grupo cada semana y posteriormente recogían una ofrenda dedicada a una construcción futura.

Encuentro en Elim

En 1977 mientras William y Mario estaban ministrando al pequeño grupo de quince personas, la iglesia Elim iniciaba sus actividades. William visitó Elim para «explorarla» y regresó diciendo: «Finalmente he encontrado el tipo de iglesia que quiero, ellos creen en la salvación por la fe».

Mario se resistía al gozo de William queriendo mantener la visión de comenzar su propia iglesia. Sin embargo, William ya resuelto, continuó asistiendo a Elim por tres semanas seguidas. «Elim va a servir la cena del Señor esta semana Mario, ¿por qué no vienes conmigo?». Mario acompañó a William a regañadientes a la atestada iglesia con solamente un asiento vacante en todo el local, a poco más de un metro del púlpito.

Mario notó que todos tenían pasión por Dios, orando fervientemente antes de que el servicio comenzara. Nunca había visto tal pasión. Mario comenzó a llorar sintiendo que esa pasión faltaba en su propia vida, se preguntó si era digno de la cena del Señor.

Mario se impresionó cuando Sergio Solórzano, el Pastor fundador, se puso de pie. Era alto, delgado y bien parecido; y lo más importante, predicaba con pasión, como cuando un cable transmite electricidad cuando es recién conectado a la fuente. El mensaje de esa noche fue electrizante y Mario estaba lleno de gozo a causa de la predicación de la Palabra de Dios; cuando William le preguntó qué pensaba del mensaje, Mario inmediatamente respondió: «¡Ésta es la mejor predicación que he oído!».

–«He oído a Sergio predicar mejores sermones», respondió William.

–«Imposible», replicó Mario. Los sermones de Sergio eran simples, directos y poderosos. Aunque Mario amaba el mensaje, solo quería permanecer en Elim hasta que pudieran dar comienzo a su propia iglesia.

Los ancianos de Elim sin embargo, habiendo notado el estilo de vida piadosa de William le pidieron ser diácono; cuando Mario se dio cuenta le insistió, «No puedes aceptar esto William, hemos sido llamados a comenzar una nueva iglesia».

William guiado por Dios aceptó la oferta y se convirtió en uno de los diáconos de Elim. La voluntad de acero de Mario lo incitaba a continuar enseñando al grupo de quince, mientras continuaba asistiendo a Elim. Al final, casi todos los de la pequeña iglesia de Mario estaban asistiendo a Elim y ahora solamente cuatro de ellos querían comenzar su propia iglesia.

Mario se dio cuenta que solamente tenía dos opciones, comprometerse a asistir a iglesia Elim y renunciar a la idea de pastorear su propia iglesia o permanecer con las restantes cuatro personas.

Mario decidió que necesitaba consultar con Sergio Solórzano acerca del futuro. A la siguiente semana en la iglesia, se dirigió a Sergio pidiéndole hablar con él. «Venga a mi casa», le dijo Sergio. Cuando Mario entró a la casa de Sergio, inmediatamente notó la falta de muebles y las pobres condiciones. Sergio no poseía nada y vivía en la pobreza; no teniendo suficiente dinero para comprar leche para su bebé (a veces tenían que mezclar coffeemate con agua para alimentarle). Sólo había un pequeño escritorio frente al cual Mario se sentó mientras Sergio permanecía de pie.

Mario comenzó con una cortina de humo: «Hermano Sergio, ¿qué piensa de ésta, y ésta, aparente contradicción en la Biblia? ¿Cuál es su opinión?».

Sergio le contestó franca y honestamente: «No sé, ¿qué piensa usted?». Mario entonces le explicó en detalle su comprensión del pasaje y Sergio tomó nota de su habilidad.

Después de andarse con rodeos, Mario se sintió lo suficientemente cómodo para ir al punto. «¿Qué es lo que piensa que debe hacer nuestro grupo?».

Sergio se fue directo al punto: «comience en el fondo y Dios lo va a exaltar».

Antes de que Mario se fuera, Sergio le dijo: «nunca voy a olvidar su nombre». Ésa fue una palabra profética que llegó a ser verdad con asombrosa exactitud.

Mario comprendió una lección valiosa ese día, ya sea que él se fuera a someter a este hombre o no. Mario no durmió esa noche, Dios le habló claramente y Mario le respondió: «muy bien Jesús, voy a aceptar tu consejo y permanecer en Elim». El grupo estuvo de acuerdo, decidieron dar el dinero que habían recogido a Elim.

Cuando Mario puso el dinero en la ofrenda del domingo, estaba llorando, ese fue el día en que Mario murió a sí mismo y a sus propios sueños; aprendió las palabras de Jesús a sus discípulos:

«De cierto, de cierto os digo, que si el grano de trigo no cae en la tierra y muere, queda solo; pero si muere, lleva mucho fruto. El que ama su vida, la perderá; y el que aborrece su vida en este mundo, para vida eterna la guardará. Si alguno me sirve, sígame; y donde yo estuviere, allí también estará mi servidor. Si alguno me sirviere, mi Padre le honrará» (Juan 12:23-26).

Mario aprendió a servir desde el fondo y permitió a Dios que lo exaltara. Su primer privilegio en Elim fue doblar sillas y apartarlas al final del servicio.

La fidelidad en las pequeñas cosas

El Pastor Solórzano estaba tan impresionado por el conocimien¬to bíblico de Mario, que le pidió unirse a su círculo íntimo de liderazgo. Sergio le preguntaba a Mario acerca de la seguridad eterna y otros asuntos doctrinales notando que Mario continuamente trataba con tales temas. Mario se animó a ir aún más al fondo, sabiendo que ahora otros dependían de sus respuestas. Así que comenzó a organizar la doctrina de Elim, en diferentes categorías.[15] El Pastor Sergio aprobó la categorización doctrinal de Mario y envió un reporte completo a Elim Guatemala, donde el Dr. Othoniel Ríos Paredes aceptó el documento íntegramente. (Elim Guatemala tenía muy poco material escrito en ese tiempo.)

Sergio pidió a Mario que continuara escribiendo sobre las doctrinas de la fe, y Mario finalmente escribió un manual que contiene las 42 doctrinas claves que Elim sigue al presente.

Mario era el coordinador de los diáconos y finalmente se le dieron las llaves del edificio y la responsabilidad de abrir y cerrar la iglesia. Mario pidió permiso para instalar una librería, la cual abría y cerraba todas las noches.

En ese tiempo, Mario estaba estudiando en la universidad, principalmente para complacer a sus padres; nunca se imaginaba como Pastor porque pensaba que carecía de la pasión y la elocuencia de Sergio Solórzano.

El encuentro con la pasión

Hasta ese momento, Mario sentía que él nunca sería tan fervoroso como Sergio, él no era extrovertido y de alguna manera sentía que esto lo excluía del ministerio. Mario le había preguntado a Sergio

previamente cómo una persona recibía esa pasión, Solórzano le había dado los siguientes pasos:
1) Vivir una vida santificada.
2) Orar fervientemente.
3) Leer la Biblia.

Sin embargo, Mario había seguido el consejo de Sergio sin recibir la pasión que esperaba.

Mario regularmente compartía el evangelio con un grupo de jóvenes de Elim; el grupo solía ir a lugares donde se reunía o donde llegaba gente joven, cantaban algunos cantos y cuando tenían un buen número de personas reunidas, uno de los jóvenes predicaba el evangelio.

Un día en particular del año 1978, el grupo fue a un lugar donde había un juego de fútbol, después del juego y mientras la gente deambulaba por los alrededores, el grupo cantó algunos cantos, y designó a un joven para que predicara el evangelio; uno de los incrédulos presentes ese día animaba a sus amigos a mofarse del predicador, todos se rieron de él llamándole loco y el joven predicador se paralizó de miedo.

Mario lo vio fracasar y sintió una indignación santa, el deseo de predicar llenó el alma de Mario. El joven líder debió ver la expresión en el rostro de Mario y repentinamente le pidió enfrentar la situación. Mario comenzó a predicar con la misma pasión del Pastor Solórzano, los inoportunos no pudieron resistir el poder radical de la Palabra de Dios a través de Mario y se retiraron uno a uno. Al final, algunos de los incrédulos dieron su vida a Cristo.

Uno de los hermanos se acercó emocionado a Mario: «nunca antes te había oído predicar como ahora». Todos estaban maravillados de cómo Dios le había dado a Mario una nueva pasión. Mario marcó la diferencia ese día al predicar valientemente a Jesús. Al siguiente día, se acercó a Sergio en el parqueo de la iglesia:

—«¡Lo tengo, lo tengo!».

—«¿Qué es lo que tiene?», preguntó Sergio.

—«Tengo la pasión», dijo Mario. «Tengo una nueva pasión por Jesús». Mario le contó a Sergio de la profunda experiencia de la predicación del día anterior.

—«Vamos a ver si es verdad», respondió Sergio.

Pronto, después de eso, Sergio le pidió a Mario predicar en la Iglesia; aunque se suponía que Sergio estaría en Guatemala, se presentó a la iglesia para oír a Mario predicar. Mario se mantuvo seguro y predicó apasionadamente acerca de la auténtica vida cristiana; al final, Sergio estaba muy contento pero simplemente le dijo:

«Bien Mario, pero tenemos que hablar acerca de algunas cosas». (A Sergio le era difícil reconocer que otros fueran usados.)

Aún ahora la gente se dirige a Mario diciéndole: «Usted es un hombre diferente en privado que cuando está en el púlpito». Mario libremente admite que esa unción especial de pasión «viene sobre él cuando predica la Palabra de Dios».

Las lecciones de la guerra

Administrar la librería en la iglesia era un reto especial a causa de la guerra civil; Mario colocaba los libros antes del servicio y los guardaba al final. Un amigo se ofrecía a llevar a Mario a casa después de que éste guardaba los libros cada noche, pero era muy peligroso manejar tarde por la noche; el ejército salvadoreño estaba matando indiscriminadamente.[17]

Por la noche, era común ver los cuerpos de los muertos tirados en las calles. Reinaba el caos. Puesto que era muy difícil distinguir a los rebeldes de los civiles, el ejército no tomaba riesgos. Una noche en particular, Mario recuerda haber visto los cuerpos de los fallecidos esparcidos por todas partes, la Cruz Roja los llegó a recoger. A veces el amigo de Mario no llegaba y Mario se veía forzado a dormir en el edificio de la iglesia; en tales ocasiones, él tenía que despertarse muy temprano, tomar el autobús hacia la casa de sus padres, cambiarse de ropa, ir a trabajar, estudiar en la universidad y después regresar a la iglesia por la noche. Dios usaba esos momentos de preparación para moldearlo como un siervo fiel.

Llamado al ministerio en Santa Ana

Mario visitó Elim Guatemala en 1978; mientras viajaba en el autobús de regreso a El Salvador éste pasó por la ciudad de Santa Ana ubicada en una provincia llamada también Santa Ana (a una hora en autobús desde San Salvador). Mientras atravesaba la ciudad, él sintió que Jesús le decía: «aquí en Santa Ana es donde tú serás Pastor». Mario sintió una clara paz, sabiendo que Dios un día cumpliría su palabra. Dos años después, algunos hermanos de Santa Ana, se dirigieron a Sergio Solórzano, para pedirle asistencia para su pequeña y luchadora congregación en Santa Ana. Mario interiormente sintió que estos hermanos habían venido por él solamente, puesto que antes de que ellos llegaran, Mario tuvo un sueño, en el cual caminaba en una calle que iba de este a oeste, llevaba un telescopio con él, y mientras miraba a través del telescopio hacia el oeste, vio un hombre de Santa Ana diciendo: «venga, lo necesitamos». Mario sabía que esto era del Señor.

Sergio mandó a Mario junto con otros hermanos a impartir un seminario en Santa Ana, pero Sergio aclaró que la iglesia de Santa Ana ya tenía Pastor y simplemente necesitaban ayuda ministerial.

Cuando Mario llegó, vio a la persona que en su sueño le invitaba a venir. En unos días el Pastor de Santa Ana renunció mientras el grupo todavía estaba en la ciudad. Secretamente, Mario sabía que él iba a ser el nuevo Pastor. Aunque la iglesia consideró varios Pastores, sintieron que Mario era el hombre de Dios para la iglesia. Mario comenzó su ministerio en Elim Santa Ana el 14 de abril de 1980.

Caminando a través de la negra noche del alma

Como la mayoría de los hombres de Dios, Mario creció en su relación con Jesús a través de las pruebas, Dios lo moldeó en el horno de la aflicción. Mario me dijo: «pienso que la prueba más grande en mis primeros días de ministerio era la soledad, estaba soltero y viví sólo durante ocho años; en un sentido, me gustaba porque me sentía libre de darme a mí mismo un tiempo devocional sin interrupción; sin embargo, al mismo tiempo mi salud se deterioraba».

Mario comía con varias familias miembros de su congregación. Una familia le cocinaba el almuerzo y la cena durante toda una semana. La siguiente semana otra familia se encargaba de las comidas. Esto significaba que comía una variedad de viandas que le causaban más problemas en su sistema digestivo; perdió mucho peso y se sentía muy débil, con pocas fuerzas.

La salud de Mario se deterioró al punto de que tenía que tomar medicinas todos los días, siempre que dejaba Santa Ana para viajar, iba cargado de botes de medicina para cada día. Sólo a través de los medicamentos era capaz de alcanzar algo de estabilidad. Su debilidad y enfermedad a veces le impedían predicar. Algunas veces había tenido que bajar del púlpito para evitar desmayarse, su condición leer a muy dolorosa y le hacía sentirse inútil y avergonzado ante Dios y sus hermanos.

Un día se enfermó a tal punto de paludismo, que su ardiente fiebre le impidió comer ó aún levantarse de su cama. El problema llegó a ser intolerable pero no tenía ningún teléfono en la casa para pedir ayuda. «Hasta ese momento nunca había faltado a un servicio en la iglesia», me dijo Mario.

Ninguno vino a su casa el lunes ni el martes, aunque sí notaron que él no estuvo en ninguno de los dos servicios. Estaba tan enfermo que no podía levantarse de su cama. «Pensé que vendrían por mí cuando notaran que no estaba asistiendo a los servicios de la iglesia», me dijo Mario.

Para el miércoles, la situación se había vuelto tan oscura y difícil que él se preguntó si iba a ser capaz de salir de ella. «Comencé a sufrir delirios», me dijo. «Para el jueves perdí el conocimiento, todo lo que recuerdo es una nube de oscuridad y el oír extrañas voces alrededor de mí, traté de ver quién estaba allí, pero no pude levantar mi cabeza».

«… Está ardiendo de fiebre, abran la ventana para que pueda entrar un poco de ventilación», dijeron los ancianos de la iglesia.

«Estaba tan agradecido porque finalmente alguien había llegado para ayudarme, pero no podía aún decir gracias a causa de mi condición», me dijo Mario. Había permanecido en cama por cinco días sin comer nada.

Para el viernes recobró la conciencia y comprendió lo que había pasado: El jueves cuando nadie respondió al llamado en la puerta, los ancianos enviaron a un niño a subirse a la ventana del patio, desde allí el niño vio que Mario estaba inconsciente en su cama. El niño abrió la ventana, entró a la casa y abrió la puerta para que los ancianos entraran.

Mario dice: «creo que este tipo de experiencia comenzó a mostrarme cuan débiles realmente son los seres humanos, descubrí la necesidad de depender totalmente de Dios y de nadie más».

«Mi debilidad que siempre me ha acompañado me ayudó a apresurarme a conocer a Jesús mejor y a depender solamente de él. Com-prendí que no podía gloriarme de mí mismo, sabiendo que sin Dios no podía hacer nada».

Mario continuaría por años enfermo y físicamente débil. «A veces yo le preguntaba a Dios por qué había permitido que yo fuera tan débil, le decía que si yo fuera más fuerte le podría servir mejor. Ahora, sin embargo, comprendo que es justamente lo opuesto. Tuve que aprender a NO confiar en mí mismo, sino sólo a depender de él».

Durante ese tiempo, Dios le enseñó a Mario la importancia de dar más que de recibir. «Vendí mi carro para pagar algunas deudas de la iglesia, Dios me ayudaba a comprender que cualquier cosa que yo diera a Dios, él me la regresaría en gran medida».

Al pasar el tiempo, la soledad de Mario llegó a ser tan intensa que afectó a su sistema nervioso; algunas veces no podía dormir por las noches, se dio cuenta de que necesitaba a alguien con quien compartir su vida.

Comenzó a entablar amistad con un niño llamado José, el que se había introducido por la ventana cuando él estaba desesperadamente enfermo. José llegó a ser el mejor amigo de Mario. Mario y José platicaban juntos durante muchas y muchas horas. «Sin la ayuda de José y su familia no estoy seguro de que hubiera sobrevivido», se recuerda él, «solamente aquellos que conocen la soledad absoluta, pueden realmente comprender lo que significa vivir sólo durante ocho años».

Después de ocho años, Mario sintió que necesitaba casarse; hasta ese momento, no había pensado seriamente acerca del matrimonio. Como Pastor de una iglesia de 500 personas se dio cuenta de que podía elegir a alguien entre la gente joven, pero no tenía la inclinación hacia ninguna de ellas. Éste era un dilema para Mario y no sabía qué hacer.

Un buen día, al entrar a la habitación la joven que ahora es su esposa, Mario sintió una impresión clara del Señor: «Ésta es tu esposa». Mario estaba sorprendido, puesto que había conocido a esta joven como amiga durante siete años y nunca había pensado románticamente en ella; le agradaba pero nunca había pensado en ella como su futura esposa.

Mario decidió hablar con ella y después de un año de noviazgo se casó en diciembre de 1988. El hijo de Mario nació en 1990 y lleva por nombre José, como su joven amigo.

El crecimiento de la iglesia

Mario comenzó solamente con un puñado de personas en 1979, la iglesia creció usando los métodos tradicionales hasta llegar aproximadamente a las 500 personas. Después de leer los libros de Cho a mediados de los años 80, trató varias veces de comenzar grupos celulares pero no tuvo éxito. Los libros de Cho eran una gran motivación para el sistema celular, pero no le daban detalles claros de cómo hacer que el sistema celular funcionara.

Cuando la iglesia madre en San Salvador comenzó los grupos celulares en septiembre de 1986, Mario no implantó el sistema celular inmediatamente puesto que no estaba seguro si el ministerio celular realmente funcionaba.

Un año después, en septiembre de 1987, Mario nuevamente puso en práctica el sistema celular y la iglesia comenzó a crecer rápidamente. El crecimiento ha continuado hasta llegar a atender 10,000 personas por semana. En el presente, Elim Santa Ana posee el segundo edificio más grande de todas las iglesias Elim, así como su propia estación de Radio. Dios ha sido fiel y ha cumplido su palabra a través de Mario Vega.

De regreso a la iglesia madre

Aunque Mario sabía de las dificultades en Elim San Salvador, su propio ministerio en desarrollo lo mantenía ocupado y le gustaba que fuera de esa manera; no quería involucrarse en los conflictos y dificultades que estaban teniendo lugar en Elim San Salvador. Sin embargo, con el Pastor Galindo teniendo problemas como Pastor encargado, después de Sergio Solórzano, llegó a ser difícil ignorar la situación.

Al menos tres realidades se estaban viviendo en Elim: La amenaza de una nueva iglesia de Sergio Solórzano, ciertos líderes que sentían que el Pastor Solórzano había sido maltratado, y aquellos Pastores de Distrito de Elim que sentían que ellos deberían estar en la posición de Pastor General. Una votación tuvo lugar en 1997 que resolvió la situación, resultando en la petición a Mario Vega para hacerse cargo de la posición de Pastor General en Elim San Salvador y Elim Internacional.

Al principio Mario no quería asumir las responsabilidades de la iglesia de San Salvador, «soy el Pastor de Santa Ana, no quiero más disputas ni problemas, si alguien más quiere estar al cargo en vez de mí está bien, no quiero estar involucrado con todas esas luchas por el poder».

Carlos Ardón un buen amigo de Mario desde la niñez le suplicaba que se viniera: «La iglesia va a explotar sin liderazgo; Mario, hay mucha pelea y caos, se necesita que vengas». Sintiendo el llamado del deber, así como también el suave impulso de Dios, Mario aceptó el reto.

No se corrigieron todos los errores inmediatamente, era difícil. Muchos de los Pastores no aceptaron a Mario de inmediato, encima de esto, el Pastor Solórzano estaba plantando una iglesia a sólo algunos kilómetros de la iglesia madre.

Le pregunté a Mario, cómo había tratado él a la iglesia cuando regresó. «Yo solamente tenía un arma cuando regresé –La palabra de Dios». Mario acudía a predicar la Palabra en todos los servicios, él predicaba la Palabra continuamente, no delegaba las predicaciones a los que estaban bajo él, sabía que si predicaba constantemente ganaría autoridad; quería que su visión y su enseñanza llegaran fuerte y claro. Los que estaban en la iglesia comenzaron a reconocer la autoridad en la Palabra de Dios y se sometieron a ella, se dieron cuenta de que el regreso de Mario no era algo acerca de resaltar su personalidad, sino acerca de vivir a tono con la Palabra de Dios.

Desde su regreso, el tema principal de la predicación de Mario ha sido pasión por la pureza; el objetivo de su predicación ha sido ayudar a los creyentes a vivir vidas santas tal como Jesús. Mario sabe que la gente quiere ver a Jesús, la gente quiere estar segura que Jesús ha hecho la diferencia.

Puliendo la imagen de Elim alrededor del mundo

Mario no estaba preocupado solamente por los problemas pastorales inmediatos en Elim San Salvador, también estaba sumamente preocupado acerca de la imagen de la iglesia de Cristo en el país de El Salvador y más allá. Él me dijo: «Ser derrocado por los Pastores asociados no era un problema, yo no le temía a eso, mi principal carga era restaurar la reputación de Elim».

El objetivo era convencer a aquellos en altas posiciones, que ahora Elim era totalmente diferente y que un nuevo día había llegado. Por ese tiempo muchos creían que Elim era una secta. El Pastor Solórzano había enseñado que el resto de las iglesias cristianas no tenían el Espíritu Santo. Junto con una imagen de secta, Elim estaba manchada por la inmoralidad de su Pastor fundador.

Mario y su equipo se dedicaron a restaurar la imagen de Elim. Mario comenzó a promover la santidad y demostró que él practicaba lo que predicaba. Mario se hizo amigo de Pastores de diferentes denominaciones y regularmente predica en conferencias interdenominacionales (por ejemplo, Bautistas del Sur, Alianza Cristiana y Misionera, Interdenominacionales, etc.).

En 1997 Carlos Ardón vino con la idea de poner un anuncio grande en los principales periódicos de El Salvador declarando que un nuevo Pastor y un nuevo día habían llegado para Elim. Carlos me dijo: «Mario le ha dado una vez más a Elim una imagen fuerte».

Las diferencias entre Sergio Solórzano y Mario Vega son enormes: Sergio era magnético y extrovertido, poseía una gran voz. Mario no posee voz fuerte y es introvertido, Mario rompe el molde de un Pastor General.

Mario dice: «Mi visión es ver a la iglesia realmente cambiando al mundo, esta visión viene de toda la vida, mi visión no se produce de ayer a ahora, es una visión que Dios me ha dado a través de toda mi vida».[17]

Mario francamente no sabe que hará en los próximos cinco o seis años, él no sabe qué es lo que Dios hará con Elim, pero sí cree que algo pasará a través de Elim que cambiará el mundo entero. Su pasión es para que otros vean el diseño de Dios y el orden a través de la iglesia Elim.

Capítulo Cuatro

El pastor y su visión de crecimiento

Usted ha escuchado bastante sobre Mario Vega en el capítulo anterior. En este capítulo usted escuchará a Mario Vega. Él escribió este capítulo. Realmente, él expuso este contenido a los mil Pastores que se reunieron en noviembre de 2002 en San Salvador para su conferencia celular, justo antes que el evento de Elim de 150,000 personas tuviera lugar. En este capítulo Mario hablará directamente a los Pastores Principales sobre lo que se necesita para hacer la obra en una iglesia celular. Aun si usted no es un Pastor Principal, este capítulo posee numerosos principios que usted puede aplicar en su rol de liderazgo.

El Pastor y el sistema celular

El Pastor ocupa un lugar preponderante dentro del sistema celular. Las células no funcionan de manera mecánica, es la obra de Dios y ésta no puede ser realizada si se desliga de los ministros.

Consecuentemente, el ministro es parte indispensable del sistema celular. No solamente es necesario comprender los componentes del sistema celular; es vital que el Pastor comprenda que su ministerio es clave para el buen funcionamiento de las células. El Pastor es el motor que energiza el trabajo celular.

Varios Pastores han visitado El Salvador para participar en nuestra Conferencia Internacional, han recibido las enseñanzas, los materiales y han regresado a sus países a poner en practica lo aprendido. Pero, algún tiempo después vuelven a comunicarse con nosotros porque las cosas no están marchando bien con su sistema celular. Hemos enviado nuestros Pastores a ayudarles y, después de revisar todos los elementos, hemos constatado que los principios celulares han sido aplicados adecuadamente y, no obstante, el crecimiento no se produce. Entonces llegamos a la conclusión de que lo que está fallando no es la aplicación de los principios celulares, sino el papel que el Pastor debe jugar.

Ésta es la razón por la cual nuestra Conferencia Internacional sobre Crecimiento de la Iglesia siempre incluye enseñanzas tanto del sistema celular como de la vida del Pastor. Ambos aspectos tienen igual preponderancia.

Lastimosamente, muchos solamente vienen con interés de conocer el sistema celular como si fuera una fórmula mágica que dará resultado por sí misma y no ponen el empeño necesario a la parte de la vida ministerial. Mientras eso ocurra siempre tendremos Pastores volviendo una y otra vez porque las cosas no les salen bien.

Ninguna iglesia crecerá más que la visión de su Pastor. Las iglesias celulares más grandes del mundo son dirigidas por Pastores totalmente comprometidos con la filosofía de la iglesia celular. Ellos conducen sus iglesias desde la confusión inicial hasta una filosofía celular claramente fundamentada. Estos Pastores creen en la delegación, pero rehúsan delegar la visión de sus iglesias.

William Beckham dice: «La delegación es un principio importante en las iglesias celulares. ¡Pero la visión y el ejemplo no se pueden delegar! Los líderes principales de las iglesias deben moldear la visión y establecer el ejemplo al vivir en la comunidad cristiana básica durante la fase de Prototipo (iniciando el ministerio celular en la iglesia.) El líder principal debe modelar el tipo de comunidad que espera que cada cual viva. Si los líderes no tienen tiempo para vivir juntos la vida celular, ¿cómo podrían esperar que sus miembros lo hagan?».[19]

El Pastor Principal debe estar involucrado en el ministerio celular. En la iglesia Elim, todo el equipo pastoral está comprometido a hacer visitas semanales a las células. Su trabajo está centrado alrededor del ministerio celular ya que las células son la base y vida de la iglesia. Como Larry Stockstill dice: «Las personas siempre se interesarán en lo que el Pastor Principal se interese». Stockstill asegura que se encuentra íntimamente involucrado en el trabajo celular. Él visita una célula cada semana, él escribe el material celular, él da la visión a los líderes en la reunión mensual, etc.

El crecimiento personal del Pastor

Ninguna iglesia crecerá más que su Pastor. Una iglesia numerosa solamente puede ser sustentada por un Pastor con una gran visión y que crea en un Dios de grandezas. Un Pastor sudamericano me expresó que su meta era la de llegar a tener la iglesia más grande en Latinoamérica. Le felicité por su gran visión y le animé a alcanzarla, pero, al mismo tiempo pensé que solamente podrá llegar a tener la iglesia más grande de Latinoamérica si, a su vez, él se convierte en el hombre de Dios más grande en Latinoamérica.

El Pastor debe crecer en su llamado

Ser Pastor no es ejercer una profesión para la sobre vivencia diaria. Es cumplir con el llamado de Dios para desarrollar la labor de la salvación eterna. Es ser el guerrero que pelea las batallas de Dios.

Si el Pastor no considera el púlpito como el altar donde ha de derramar su vida a favor de los perdidos es mejor que se olvide de las células y del crecimiento.

Muchas veces me han preguntado cómo puede una persona saber si tiene un llamado de Dios. El mismo hecho que la persona pregunte es una evidencia que su llamado no ha llegado a una plena madurez o no lo posee.

El llamado al ministerio es un proceso. Éste puede comenzar de manera muy pequeña, como un sencillo deseo de servir a Dios. Aunque todo cristiano sano debería tener el deseo de servir a Dios, en el caso del llamamiento al ministerio, estamos hablando de un deseo que crece, se desarrolla y madura.

El proceso del llamado no estará completo mientras Dios no muestre tres cosas importantes: Qué hacer, dónde hacerlo y cuándo hacerlo. Mientras una persona no tenga claros estos tres aspectos no debe apresurarse. Su llamado aún no ha madurado y debe continuar esperando, orando y preparándose para el momento cuando su llamado llegue a punto.

El Pastor debe crecer en oración

La vida de oración es una característica de las iglesias celulares. Pero las iglesias no se dedicarán a la oración sino bajo el ejemplo de su Pastor. El trabajo celular se impulsa sobre las alas de la oración. Pero, es necesario darle a la oración el enfoque adecuado. La oración no es una moneda con la cual se puede pagar a Dios por sus bendiciones. La oración nos prepara y nos cambia para poder recibir sus bendiciones. Durante los primeros meses de mi ministerio vivía solo en una pequeña casa alquilada. Manejaba la idea de que, a través de la oración, podía alcanzar cualquier bendición de Dios. En realidad, lo que pensaba era que a través de mis prolongadas oraciones podía convencer a Dios para que me otorgara las respuestas que yo consideraba pertinentes. Bajo esa idea, comencé a cultivar el hábito de hacer largas oraciones cada día. En determinado momento me encontré orando de ocho a nueve horas diarias. Cada cierto tiempo realizaba ayunos de tres o cuatro días continuos. El resto del tiempo lo invertía en la lectura de la Biblia y de otros libros de Teología. Llevaba un control estricto de la manera en que empleaba mi tiempo y un registro cuidadoso del tiempo que dedicaba cada día a la oración.

En esas condiciones llegó un momento en que pensé que estaba orando tanto que Dios seguramente bendeciría grandemente mi ministerio. En ese momento mi iglesia tenía solamente unos setenta miembros y había entrado en una etapa de estancamiento en una época en la que desconocía por completo el sistema celular.

Llevado por una fe que estaba más basada en mi orgullo que en la dirección del Espíritu Santo decidí realizar unos servicios especiales durante una semana con el propósito de imprimirle un gran salto al desarrollo de la iglesia. Para asegurar que las cosas salieran bien realicé un ayuno durante los cuatro días previos al inicio de la actividad.

Atrevidamente aseguré a los hermanos que el primer día de los servicios especiales tendríamos oración para recibir el bautismo en el Espíritu y aseguré que todos los que no tuvieran la experiencia de hablar en otras lenguas ese día recibirían tal bendición. Para el segundo día anuncié que Dios sanaría a los enfermos e invité a los hermanos a llevar a todos los enfermos que pudieran asegurándoles que Dios los sanaría. Para el tercer día afirmé que sería un día especial cuando Dios salvaría a muchas personas. Animé a los hermanos para que llevaran a sus parientes y amigos incrédulos asegurándoles que Dios los salvaría a todos y que ese día regresarían a casa convertidos en cristianos. Y así sucesivamente.

Ante un anuncio como ése los hermanos se sintieron felices y entusiasmados esperando el primer día de servicios especiales para ver las maravillas que su Pastor había anunciado.

Cuando llegó el primer día prediqué sobre el tema del bautismo en el Espíritu Santo. Al final de la predicación invité a todos los que deseaban recibir el bautismo a que pasaran al frente asegurando que todos los que pasaran al frente lo recibirían. Muchas personas pasaron. Comencé a orar por cada uno de ellos pero el ambiente era muy duro y no se experimentaba la tremenda visitación del Espíritu que había anunciado. A pesar de que los hermanos ponían todo su empeño y que yo hice todo de mi parte orando a gritos y alargando el tiempo del servicio, al final, no escuché que ninguna persona hablara en lenguas. Me sentía avergonzado ante los hermanos y solamente deseaba que finalizara el servicio para volver a casa. Me sentía completamente desconcertado y no comprendía por qué Dios no había respaldado mi buena intención de que los hermanos fueran bendecidos. Al volver a casa pasé parte de la noche orando y reprendiendo a Satanás pensando que era él quien había impedido que el avivamiento comenzara esa noche.

Al día siguiente prediqué sobre el tema de la sanidad divina. Al finalizar mi sermón comencé a orar por los enfermos ungiéndoles con aceite. Yo esperaba que se produjeran sanidades tan grandes como pueden ser las de ciegos que recuperaban la vista, de paralíticos levantándose de sus sillas de ruedas, o de sordos que comenzaban a oír. Pero, nada de eso ocurrió.

Al finalizar el culto, y después de haber orado y ungido con aceite a varias docenas de personas, nada extraordinario había ocurrido. Una vez más me sentí avergonzado delante de los hermanos y busqué rápidamente la salida.

Para el día siguiente había anunciado gran cantidad de conversiones. Aún sin comprender lo que estaba pasando decidí ayunar durante todo el día confiando en que las conversiones eran algo que nunca faltaba en mi iglesia. Por tanto, no había razón para que ese día no hubiera conversiones.

Cuando llegó el momento de la predicación había muy pocas personas en el local de la iglesia. La mayor parte de los presentes eran hermanos y solamente había un par de mujeres jóvenes que podía reconocer como nuevas visitas. Comencé a predicar con todo mi corazón esperando que, al menos, esas dos jóvenes pudieran ser ganadas para Cristo.

Pero a los pocos minutos de estar predicando comencé a sentirme muy débil físicamente. Había ayunado todo el día además de los cuatro días de ayuno al inicio de esa semana. Nunca he tenido una constitución física fuerte y ese día mi cuerpo comenzó a resentir la abstinencia de alimentos. A los pocos minutos me encontraba ya mareado. Un sudor frío rodaba por mi rostro, en tanto que hacía ímprobos esfuerzos por mantenerme en pie.

Pensé que ése era un ataque del diablo que quería impedir la salvación de las almas. Al mismo tiempo que predicaba comencé a reprender mentalmente a Satanás. Eso, sumado al esfuerzo por mantenerme en pie, hizo que comenzara a experimentar dificultades para expresarme. Las palabras comenzaron a atorarse en mi garganta y mi visión comenzó a oscurecerse.

No sé qué aspecto tendría yo, pero imagino que estaba más blanco que la nieve. Aquellas dos muchachas comenzaron a hacerse comentarios y a reírse. Llegó un momento cuando no podía más. Aceleré mi predicación para terminarla cuanto antes y luego hice la invitación para recibir a Cristo. Como estaba a punto de desmayarme no pude prolongar demasiado el llamado al altar y, lógicamente, ninguna persona se convirtió.

Era el final. Me sentía completamente frustrado. Y la iglesia también. A partir de entonces, la semana especial comenzó a apagarse, los hermanos perdieron el interés y poco a poco regresamos al orden semanal acostumbrado sin que se hiciera más mención de «servicios especiales».

Algunos meses después llegué a comprender que el propósito de Dios en todo aquello era enseñarme que ni las largas oraciones ni los prolongados ayunos pueden precipitar las bendiciones de Dios. Con esto no quiero decir en ninguna manera que la oración no tiene valor; al contrario, estoy diciendo que la oración es de suma importancia y es un componente esencial en el crecimiento de la iglesia pero solamente si se la sabe utilizar de manera adecuada.

El propósito de la oración no es conseguir respuestas de Dios, sino mantener una unión perfecta entre él y sus hijos. Si una persona ora solamente porque quiere respuestas, terminará insatisfecha y enojada con Dios. En realidad, cada vez que oramos recibimos una respuesta, pero ésta no necesariamente es la que esperamos recibir. Nada extraordinario ocurrió en los «servicios especiales» que había anunciado, pero algo extraordinario ocurrió en mí: El hecho de aprender a estar con Dios y a identificarme con él en la oración. De no haber entendido que esa era la respuesta a mis oraciones y ayunos no hubiera obtenido más que el desánimo y la irritación. Mis ayunos y oraciones no sirvieron para demostrar que Dios da respuestas a la oración. Dios no necesita demostrar nada. Pero, a través de esas oraciones llegué a ser lo que Dios quería que fuera por su gracia.

Cuando la oración no recibe respuesta debemos cuidarnos de no achacarlo a Satanás o a nadie más. Cuando nos parece que no recibimos respuesta a la oración siempre hay una razón: Dios usará esa razón para darnos una instrucción personal profunda, dirigida única y exclusivamente a cada uno de nosotros.

El Pastor debe crecer en pasión

El ardor de la iglesia para el trabajo celular solamente puede desencadenarse a partir de un Pastor ardiente. Un Pastor lleno de dudas, que sea tímido, desinteresado, no podrá encender nunca la llama entre la congregación.

El Pastor debe vivir su visión y transmitirla con fervor a sus ovejas. Más que las palabras, las ovejas entienden el lenguaje del ejemplo. Nadie podrá permanecer sentado si ve a su Pastor ardiendo por salvar las almas perdidas. La pasión del Pastor Principal será evidente y clara para las ovejas. Ellas verán su celo y su compromiso.

La pasión debe comenzar en el corazón del líder principal. Si no está en el corazón del líder principal tampoco se moverá hacia abajo al resto de la iglesia. René Molina, el Pastor de Elim en Los Ángeles y probablemente de la más grande iglesia de habla hispana en todos los Estados Unidos, con 4.500 miembros en sus células, dijo: «Impartimos seminarios celulares en todos Los Ángeles. Muchos Pastores prueban las células y fracasan. ¿Por qué? Porque carecen de pasión. Carecen de dependencia en Jesús y la pasión para ver las células funcionando a pesar de los obstáculos».

El Pastor principal debe demostrar una pasión por Jesús. Cristo debe ser su vida, su primer amor, su razón de ser.

El Pastor debe crecer en su dependencia del Espíritu Santo

El Espíritu Santo no es solamente una doctrina estampada en algunos libros de Teología. Es la persona real que debe dirigir los destinos de su Iglesia. El Pastor debe aprender a escuchar la voz del Espíritu. Sus mensajes deben ser recibidos en la cámara secreta de oración en una dependencia humilde del Espíritu de Dios.

Los caminos de Dios no siempre concuerdan con la lógica humana. Por la misma razón es importante que el Espíritu sea el guía que nos muestre los pasos que debemos dar para poder ver el crecimiento de la iglesia. De esa dependencia humilde y abierta se valdrá Dios para conducirnos por el camino adecuado del crecimiento.

Cuando la iglesia que pastoreaba en la ciudad de Santa Ana adoptó el modelo celular pronto comenzó a crecer cualitativa y cuantitativamente. El local que rentábamos se llenó. El propietario del inmueble nos permitió hacer una ampliación del edificio para acomodar a alrededor de unas 400 personas. La nueva ampliación volvió a llenarse tan pronto como la finalizamos, luego fue necesario comenzar a colocar sillas en la acera, afuera del local.

Los días domingos colocábamos una lona gigante para proteger a los asistentes del fuerte sol que hace en El Salvador. Luego las personas comenzaron a quedarse de pie sobre la calle pues no había más espacio para recibir a más personas.

Entonces sentí que había llegado el momento de tener un edifico más grande. Después de buscar por toda la ciudad un local mayor llegamos a la conclusión que no había otro local más grande que pudiéramos rentar. Ante esa realidad solamente quedaba una opción: construir el auditorio más grande de la ciudad para poder recibir a todas las personas que habrían de venir.

Encontramos un terreno adecuado para nuestro proyecto. Pero, teníamos un limitante de tipo económico. La iglesia reunía apenas lo justo para poder completar lo que pagábamos de renta. ¿Cómo podríamos pues, además de la renta, afrontar el pago de la compra del terreno y, sobre eso, los gastos de construcción del nuevo edificio?

No me quedaba la menor duda: la iglesia necesitaba una gran cantidad de dinero para afrontar tales gastos. Dado que no teníamos tal dinero pensé que lo mejor que podía hacer era orar a Dios pidiéndole que nos diera más dinero. Yo no sabía cómo Dios haría para darnos ese dinero, ese problema se lo dejaba a él, solamente creía que él era la fuente de nuestros recursos.

Con tal fe, comencé a orar fervientemente cada día para que Dios nos diera más dinero. De mañana, tarde y noche no cesaba de pedirle a Dios que nos diera el dinero necesario para poder hacer realidad el proyecto del auditorio más grande de la ciudad para anunciar el evangelio de su Hijo.

Cada día, durante varias semanas, fui constante en pedir fervorosamente a Dios que nos diera dinero. Pero, una tarde, mientras oraba, Dios quizá tuvo lástima de mí y en su gracia decidió corregir mi oración.

Mientras, de rodillas, clamaba: «Danos más dinero, tú sabes que necesitamos mucho dinero para realizar este proyecto. Ábrenos las ventanas de los cielos y derrama sobre nosotros mucho dinero...». De pronto, no puedo decir si escuché o sentí una gran voz que muy fuertemente dijo: ¡¡¡NO ES DINERO LO QUE NECESITAN!!!

La voz fue tan fuerte que yo me quedé callado, muy asustado. Luego, en aquel silencio, Dios comenzó a hablarme más suavemente diciéndome: «Lo que necesitan es mi presencia».

Al escuchar esas palabras comprendí que había estado pidiendo de forma equivocada. Dios tenía razón. Él siempre la tiene. No era dinero lo que necesitábamos, solamente necesitábamos su presencia. Su presencia era suficiente para que todo lo demás viniese como añadidura.

En aquel mismo momento pedí perdón a Dios y cambie mi oración para comenzar a pedirle que su presencia fuera una realidad palpable en nuestra iglesia. Dios fue muy misericordioso, pues, muchas cosas que le pedí relacionadas con su presencia ocurrieron en los años posteriores.

No puedo explicar cómo Dios lo hizo, pero él nos proporcionó lo necesario para cubrir todos los gastos del proyecto e inaugurarlo sin ninguna deuda algún tiempo después. Desde entonces, el auditorio más grande de la ciudad está dedicado a Jesucristo y a su fidelidad.[20] Y desde entonces, comprendí que la dependencia del Espíritu Santo es clave para poder ser instrumentos de Dios. No somos nosotros los que tenemos que determinar qué es lo que la iglesia necesita, solamente debemos escuchar su voz y obedecerle.

El Pastor debe crecer en la Palabra de Dios

La pasión que no se fundamenta en la Palabra de Dios es solamente emoción. Las emociones son pasajeras y toda visión basada en emociones no contará con la perseverancia que el trabajo celular amerita. Sin un sólido y creciente conocimiento de la Palabra de Dios no puede asegurarse la conservación de una iglesia numerosa. Sin Palabra sólida la iglesia puede crecer como la hierba, alta pero débil. La idea es que crezca como un roble, alta pero sólida.

El Pastor debe ser un amante del conocimiento de Dios y de sus obras. No debe ser un cazador de novedades religiosas. Debe ser una persona dedicada al estudio de las Escrituras y de aquellas herramientas que le permitan ofrecer un mensaje que sea vianda sólida para las ovejas.

El Pastor debe crecer en conocimiento

Los desafíos de una iglesia numerosa son multifacéticos. El Pastor tendrá que enfrentar y resolver situaciones de índole diversa. Eso requerirá amplios conocimientos de los elementos que son importantes para la atención y dirección de la iglesia. Esos elementos son todo el saber humano. Por la misma razón el Pastor debe ser incansable en su búsqueda del conocimiento y de la verdad.

Poco tiempo después que Dios permitió que asumiera como Pastor General de la gran iglesia en San Salvador, comencé a animar a los Pastores a estudiar y a crecer en su conocimiento de Dios y de su Palabra. Sergio Solórzano es una persona que no cree que la preparación teológica formal sea necesaria para un ministro del evangelio. De hecho, Solórzano ahora critica a Elim diciendo que la iglesia ha perdido la visión porque permite y anima a sus líderes a estudiar formalmente la Palabra de Dios.

Durante los primeros años al frente de la Iglesia Elim en San Salvador, constituyó una fuerte lucha el conseguir que los Pastores se interesaran por estudiar. Algunos de ellos tenían la convicción, que se les había enseñado por dos décadas, que el estudio es innecesario cuando se posee verdadera unción.

No dudo que una persona con una fuerte unción puede ser usada por Dios aún cuando no haya tenido mayor acceso a educación teológica; pero ¿acaso no es una gran presunción evadir el estudio teológico afirmando que se posee tan poderosa unción? La presunción se convierte en mayúscula cuando todas las evidencias señalan a una ausencia de tal unción o cuando se la confunde con expresiones de emotividad que pueden entusiasmar a los sencillos pero no pueden alimentar a las ovejas.

Si se posee la unción, ¿por qué habría que tenerse tal desprecio hacia el conocimiento de Dios y de su Palabra? ¿De qué espíritu somos?

El Pastor debe crecer en santidad

La santidad se posee o no. No se puede ser santo solamente en cierta medida. La santidad debe ser total. El carácter real del Pastor es aquel que se muestra cuando se está a solas. Quien desee que su iglesia crezca debe también crecer en integridad, pureza, justicia, verdad y honestidad.

Los hijos de Dios esperan lo mejor de su Pastor. Los ancianos tanto como los adultos y los niños esperan buenos ejemplos de su Pastor. La conducta del Pastor es determinante cuando se habla del crecimiento de la iglesia. A medida que una iglesia crece extiende su presencia e influencia por toda la ciudad.

Piénsese en una iglesia como Elim. El 9% de la población total de la capital salvadoreña son miembros de Elim. Se pueden encontrar miembros de la iglesia en los bancos, almacenes, oficinas, hoteles, restaurantes, en las calles y en los vehículos que circulan por toda la ciudad hasta tal punto que no puede pasar mucho tiempo sin que uno de nuestros Pastores no sea descubierto si anda con conductas pecaminosas.

Nada causa mayores estragos a una iglesia en crecimiento quedes cubrir pecado en cualquiera de sus Pastores o líderes de células. De hecho, una célula donde el líder comete pecado normalmente se estanca o muere. Luego es necesario hacer un trabajo de sanidad espiritual de las personas y familias afectadas. El crecimiento es incompatible con el pecado.

El Pastor debe crecer en humildad

Un hombre soberbio será aplastado por el peso de la reputación de estar al frente de una congregación numerosa; pero el hombre humilde no puede ser aplastado por el reconocimiento humano. Él ya fue aplastado por la mano de Dios.

Piénsese en algún hombre que haya sido utilizado por Dios al mismo tiempo que era orgulloso y no se encontrará ninguno. Si por causa de la gran sed de Dios que existe entre los pueblos algunas veces pueden existir hombres que reúnen grandes cantidades de personas mientras son orgullosos, su petulancia es un augurio que su final está cerca. Dios no comparte su gloria y para que un cuerpo pueda reflejar la luz de otro debe estar desposeído de luz propia. Solamente cuando estemos desposeídos de todo orgullo podremos reflejar la luz de Cristo.

Cuando un Pastor reúne estos elementos podrá proyectarse para recibir de Dios la visión para su ciudad, país o el mundo. Con tales características el Pastor no encontrará mayores dificultades en comunicar a sus ovejas el entusiasmo y la disciplina necesarios para impulsar el trabajo celular.

El Pastor celular debe creer en verdad en las células. Piensa en ellas, trabaja con ellas, predica de ellas, sueña con ellas. El Pastor celular lee sobre el tema, se informa, se relaciona con hombres claves en el movimiento celular, pregunta, investiga. Respira células y transmite esa pasión a sus ovejas.

Capítulo Cinco

Las Escrituras y el poder de Dios

Israel Sánchez recibía en su trabajo muchas invitaciones de sus amigos para asistir a uno de los servicios de enseñanza de Elim. Israel finalmente aceptó y decidió averiguar lo que era la iglesia.

Ese día, Mario Vega predicaba acerca de «La verdadera hombría». Este tema le interesó mucho a Israel, puesto que él se consideraba varonil. Mario Vega predicó acerca de Jesucristo el hombre verdadero, señalando las virtudes y las características de la vida de Cristo.

Dios atrapó a Israel ese día a través de su Palabra, Israel comenzó a llorar como un niño. Cuando Mario Vega hizo la invitación para aceptar al señor Jesús, Israel fue al frente llorando incontrolablemente.

Cuando regresó a su asiento, no podía parar de llorar; cuando el servicio terminó, Israel continuó sollozando, incapaz de hablar con alguien.

Su compañero de trabajo esperaba que Israel parara de llorar. Finalmente buscó a alguien que lo llevara a su casa en un vehículo. Cuando Israel finalmente salió del edificio, tomó las drogas que le quedaban en su bolsillo y las destruyó.

Al llegar a su casa continuó llorando, la Palabra de Dios había tocado su corazón y su esposa se dio cuenta de que una experiencia espiritual seria había ocurrido en lo más profundo de su alma. Dios cambió radicalmente la vida de Israel ese día; empezó a asistir a un grupo celular, se preparó a través del seminario de formación de líderes de Elim, lideró su propia célula, la multiplicó y ahora es supervisor de varios grupos celulares.

Elim tiene dos ingredientes claves que encienden la pasión engente como Israel: La Palabra de Dios y el Espíritu de Dios. René Molina me dijo lo mismo: «Dos cosas caracterizan a Elim: La manifestación del Espíritu y la convicción de la pureza de la Palabra de Dios». La pasión de Elim por ambas es igual.

Conducidos por la Palabra de Dios

Cuando visité a Elim por primera vez en 1996, recibí una sorpresa agradable cuando uno de los Pastores de distrito me entregó una declaración doctrinal de sus creencias básicas. Comprendí que Elim les daba esas declaraciones doctrinales a todos los que llegaban de visita. Elim es una iglesia de grupos celulares que quiere dar a conocer lo que cree. La doctrina de la Biblia basada en la infalible Palabra de Dios es esencial en Elim y se basan para todo lo que hacen en las enseñanzas de las Escrituras.

La Palabra de Dios se predica todas las noches en el auditorio principal y aunque Elim no exige a la gente asistir a los servicios de enseñanza, 6,000 personas llegan regularmente cada noche a escuchar la Palabra de Dios. Elim pide a cada distrito geográfico asistir sólo al servicio de enseñanza que le corresponde en particular. Durante los servicios de enseñanza en la semana, Mario Vega o un Pastor de distrito, predicará sobre un versículo o un pasaje de la Palabra de Dios. El objetivo es alimentar al pueblo de Dios, y la mejor manera de hacerlo es a través de la exposición cuidadosa de la Palabra de Dios.[21] «Hacemos discípulos de nuestra gente por medio de la enseñanza de la sana doctrina», me dijo Mario.

En esos servicios de los días de semana, Elim destaca las enseñanzas de la elección soberana de Dios, la depravación del hombre, la predestinación y la gracia inmerecida de Dios. Totalmente independiente de cualquier comentario o enseñanza en particular, Elim llegó a los cinco puntos de Calvino como la base principal de su doctrina. Los libros de Calvino traducidos al español se encuentran en abundancia apilados para la venta en su librería.[22]

Elim es única, porque también es pentecostal. Me gusta ver las sonrisas en los rostros de las personas cuando les digo, «Elim es una iglesia calvinista-pentecostal». Con frecuencia me dicen, «calvinista-pentecostal es una contradicción de términos»; sin embargo, Elim sigue las Escrituras más que a un sistema cerrado de Teología. Diligentemente escudriñan las Escrituras y delimitan su sistema de creencias a lo que encuentran. Dios y no un misionero extranjero les ha instruido a través de su Palabra. Elim, de hecho, nunca ha tenido un misionero extranjero.[23]

Algunos podrían pensar que una interpretación calvinista drástica impediría el evangelismo apasionado, pero en Elim sucede justo lo contrario.

Aunque enseñan que Dios ha predestinado a sus escogidos al cielo, ellos no conocen quienes son esas personas así que fervientemente las buscan, esperando encontrarlos entre los perdidos y los moribundos, como la Escritura dice en Romanos 10:14-15:

> «¿Cómo, pues, invocarán a aquel en el cual no han creído? ¿Y cómo creerán en aquel de quien no han oído? ¿Y cómo oirán sin haber quién les predique? ¿Y cómo predicarán si no fueren enviados? Como está escrito: ¡Cuán hermosos son los pies de los que anuncian la paz, de los que anuncian buenas nuevas!».

Todos los domingos por la mañana, cada distrito geográfico tiene asignado uno de los seis servicios dominicales consecutivos. Esto significa que si una persona vive en el distrito uno, ésta asiste al servicio específico asignado al distrito uno, a las 7:30 de la mañana. En ese servicio, la persona verá al Pastor de distrito, al Pastor de zona, al supervisor, al líder de célula y a los miembros de la célula. Generalmente el Pastor de distrito dará el mensaje dominical, aunque los Pastores de zona también tienen su oportunidad. Mario Vega, Pastor General, predica casi cada domingo en uno o más de los servicios.

La pasión tan claramente evidente en iglesia Elim es nacida de la Palabra de Dios y puesto que ésta se predica y se enseña continua y claramente, la pasión se mantiene.

Llenos del Espíritu de Dios

Elim cree que todos los dones del Espíritu son para hoy, incluyendo los milagros, las lenguas y la profecía.[24]

Aunque asisten aproximadamente seis mil personas a cada uno de los grandes servicios, siempre se da tiempo para el ejercicio de los dones sobrenaturales en cada servicio (profecía, lenguas e interpretación de lenguas.) Diáconos bien entrenados se alinean en cada uno de los pasillos para asegurarse que nada esté fuera de orden. Elim es cuidadosa de asegurarse que nada se haga erráticamente.

La enseñanza bíblica fuerte se balancea con el énfasis en el poder del Espíritu y una total dependencia en Jesucristo a través de la oración. Cada mes tres distritos diferentes se unen para orar toda la noche comenzando alrededor de las 9:00 de la noche. En estas reuniones de oración permiten al Espíritu Santo trabajar a través de los dones del cuerpo de la iglesia (profecía, etc.)

La creencia de que Dios es un Dios activo y sobrenatural fluye hasta llegar a los miembros de las células y a los líderes de célula. Clementino Aguilar, por ejemplo, estaba planeando tomar el seminario de formación de líderes el 9 de diciembre de 2002. Ese mismo día sufrió un derrame cerebral que le dejó la cara deformada y el lado derecho de su boca completamente torcido. Cuando los miembros de su célula supieron esto, inmediatamente llegaron a visitarlo y oraron fervientemente para que Dios lo sanara. Mientras oraban, la boca de Clementino retornó a su forma original enfrente de ellos. Clementino se inscribió en el siguiente seminario y fue aprobado para ser líder de célula, ahora se ha consagrado para servir al Señor por el resto de su vida.

Los líderes de Elim citan seguido a Charles Finney que una vez dijo: «¿Cuál es el secreto del avivamiento? No hay secreto, el avivamiento viene como respuesta a la oración».

«Primero hay que tener un avivamiento», dijo Mario. «Si no hay avivamiento, se tendrá que depender de un mercadeo donde Jesús no será el centro, se necesita un avivamiento para tener a Jesús como centro.» En una ocasión Mario predicó en nuestra iglesia de la Alianza Cristiana y Misionera en Quito, Ecuador, un domingo por la noche, el texto que usó fue el de Josué 10:7-15:

> «Y subió Josué de Gilgal, él y todo el pueblo de guerra con él, y todos los hombres valientes. Y Jehová dijo a Josué: No tengas temor de ellos; porque yo los he entregado en tu mano, y ninguno de ellos prevalecerá delante de ti. Y Josué vino a ellos de repente, habiendo subido toda la noche desde Gilgal. Y Jehová los llenó de consternación delante de Israel, y

los hirió con gran mortandad en Gabaón; y los siguió por el camino que sube a Bet-horón, y los hirió hasta Azeca y Maceda. Y mientras iban huyendo de los israelitas, a la bajada de Bet-horón, Jehová arrojó desde el cielo grandes piedras sobre ellos hasta Azeca, y murieron; y fueron más los que murieron por las piedras del granizo, que los que los hijos de Israel mataron a espada. Entonces Josué habló a Jehová el día en que Jehová entregó al amorreo delante de los hijos de Israel, y dijo en presencia de los israelitas: Sol, detente en Gabaón; Y tú, luna, en el valle de Ajalón. Y el sol se detuvo y la luna se paró, hasta que la gente se hubo vengado de sus enemigos.

¿No está escrito esto en el libro de Jaser? Y el sol se paró en medio del cielo, y no se apresuró a ponerse casi un día entero. Y no hubo día como aquel, ni antes ni después de él, habiendo atendido Jehová a la voz de un hombre; porque Jehová peleaba por Israel. Y Josué, y todo Israel con él, volvió al campamento en Gilgal».

Mario dijo: «Dios oyó la voz de su siervo Josué y paró la tierra en su eje y en su rotación alrededor del Sol. Josué estaba involucrado peleando la batalla del Señor y Dios le oyó y le respondió. Jesús quiere oírnos a nosotros ahora; Dios se deleita cuando sus siervos piden grandes cosas, Dios es todopoderoso, nada es imposible para él. Él quiere responder con grandes cosas».

Salvador Pérez es un líder de célula. Un sábado por la mañana, antes de su reunión de célula, sintió un fuerte dolor por lo que tuvo que examinarse en el hospital. Los doctores le practicaron una ultrasonografía, y descubrieron que tenía cálculos en los riñones. Los doctores trataron de controlar el dolor con inyecciones y prepararlo para una operación quirúrgica al día siguiente.

Cuando se despertó al siguiente día no tenía dolor, los doctores estaban sorprendidos así que decidieron practicarle otro examen de rayos equis el cual dio un resultado totalmente negativo. Salvador dejó el hospital, regresó a su casa y se dio cuenta de que el sábado anterior, la noche de reunión de la célula, los miembros de su célula se habían dedicado a orar por su sanidad. Dios había contestado sus oraciones. Elim sabe que la oración es la puerta para ver ocurrir milagros, así que oran todo el tiempo.

Un pueblo apasionado

Jesús reprendió a los fariseos que estaban tratando de tenderle una trampa, «erráis, ignorando las escrituras y el poder de Dios» (Mateo 22:29) Es fácil errar en cualquier lado del espectro las Escrituras o el poder de Dios. Como un famoso predicador de las escrituras dijo: «Si solamente enfatizas la Palabra, te secarás; pero si solamente enfatizas el Espíritu, estallarás; y si enfatizas ambos, entonces, crecerás». (Ésta es mi paráfrasis.)

La ferviente pasión en el corazón de Elim nace y se fortalece por la enseñanza bíblica, sólida y consistente, y el hambre por el Espíritu de Dios. El Espíritu de Dios ilumina al pueblo de Dios para comprender la Escritura y entonces le da poder para ponerla en práctica. La pasión de Elim flamea con brillantez debido a que valientemente siguen tanto la Palabra como al Espíritu.

Capítulo Seis

Penetrando la ciudad a través de las células evangelizadoras

El hogar de Gerardo Andrés Leiva se tambaleaba al borde de la desintegración, debido a que estaba viendo otra a mujer mientras trataba de mantener su matrimonio intacto. La esposa de Gerardo, aunque profundamente herida, estaba más preocupada de que sus niños no siguieran la inmoralidad de su padre. Gerardo se dio cuenta del compromiso de sus niños con una célula de Elim y el gozo que experimentaban allí.

Una tarde de noviembre de 1994, el líder de la célula de niños llegó a recoger a los hijos de Gerardo para llevarlos a la célula. El líder le dijo a Gerardo, «también tenemos una reunión celular de adultos al mismo tiempo, ¿le gustaría venir?». Gerardo decidió ir, Dios lo tocó a través de la célula y regresó a la semana siguiente; después de la tercera visita recibió a Jesús.

Gerardo todavía lucha con las tentaciones sexuales, la primera vez que vio a una de sus anteriores amantes en un autobús, tuvo que mirar al cielo: «ayúdame Jesús», dijo. La segunda vez que la vio, le testificó valientemente y ella lo felicitó. Dios en definitiva le dio el poder para testificar con confianza y seguridad y mantener una firme decisión por Jesús.

Los compañeros de trabajo de Gerardo lo tenían por mujeriego y fiestero; cuando se dieron cuenta de que él era un cristiano nacido de nuevo, se burlaron de él. «¿Qué crees que estás haciendo?», se mofaban. Gerardo siguió adelante en su fe y nadie podía negar el cambio dramático en su vida; con el tiempo llegaron a apreciarlo y respetarlo.

Dios puso en Gerardo un hambre nueva por la Palabra de Dios, y en cinco meses había leído toda la Biblia. Gerardo crecía en Cristo diariamente, mientras recibía ayuda y ánimo a través de la reunión de planificación de los días miércoles, los servicios de enseñanza de la semana y la célula del sábado.

Unos meses después de haber recibido a Jesús en 1994, Gerardo sintió el impulso del Espíritu Santo para liderar un grupo celular; sin embargo, tenía un gran problema, no estaba casado y no tenía dinero suficiente para pagar la celebración de su matrimonio. Oró fervientemente y un día alguien le dio la cantidad exacta que necesitaba para pagar por su certificado de matrimonio, posteriormente se bautizó.

Comenzó su primera célula en 1995 y desde entonces esa célula se ha multiplicado 11 veces, Dios lo levantó para ser un supervisor de células y un líder de líderes. Como supervisor, las células a su cargo han crecido y se han multiplicado.

Su matrimonio está en orden, sus hijos están felices, y Dios le ha dado la sabiduría para comenzar su propio negocio. Dios ha enriquecido a Gerardo de todas formas.

La estrategia clara de Elim es invadir con pasión toda la ciudad de San Salvador con grupos celulares; así, la gente como Gerardo, responderá al evangelio, será transformada y continuará haciendo discípulos a otros a través de los grupos celulares evangelizadores.

Evangelismo de penetración

Las células constituyen la estrategia frontal para ganar a la gente para Jesucristo. Como otras iglesias celulares alrededor del mundo, Elim define una célula como un grupo de 4 a 15 personas que se reúne semanalmente fuera del edificio de la iglesia con el propósito de evangelizar y discipular y con la meta de multiplicarse.

Por mucho tiempo Elim permitió que las células crecieran hasta tener 20 personas antes de multiplicarse. Desde la llegada de Mario Vega, sin embargo, Elim ha reducido el número de multiplicación a un máximo de 15 adultos antes de multiplicarse.

Los grupos familiares evangelizan a través de la amistad. El objetivo es encontrar una necesidad y llenarla. Elim recoge esta estrategia de la iglesia del doctor Cho, y la ha seguido persistentemente por muchos años.

Los líderes de célula, instruyen a los miembros de la célula, a hacer amistad con no cristianos, después de ganar a las personas a través de la amistad, el no creyente es invitado a asistir a la célula y oír una presentación clara del evangelio, la meta última es que la personal legue a ser un discípulo de Jesucristo.

También se practican otras formas de evangelismo celular, (por ejemplo, visita puerta a puerta, cenas amistosa en la célula, películas evangelizadoras, etc.); sin embargo, Elim ha descubierto que el evangelismo más efectivo tiene lugar cuando los miembros de la célula expresan su amor en acción antes de invitar a la persona a la célula. Mario Vega me explicó la estrategia de evangelismo cuádruple de Elim:

- Hacemos y fortalecemos las amistades con los no creyentes con el objetivo de servirles y vivir nuestro testimonio de amor para ellos.
- Invitamos a los no cristianos a venir a los grupos celulares.
- Oramos por las conversiones de quienes invitamos a la célula.
- Enfatizamos a los miembros de la célula que el objetivo es la multiplicación y que la manera en que nos vamos a multiplicares a través del evangelismo.

Todos los grupos celulares de Elim se reúnen en hogares, uno de los principales propósitos del sistema celular de Elim es la penetración del territorio no cristiano a través de la plantación de células encada vecindario. Ellos ven a cada célula como una mini-iglesia que está conectada al cuerpo más grande de Elim.

Durante 7 años Josefina López siguió la secta de los Testigos de Jehová. Pero en 1998 Elim, abrió una célula próxima a su casa; su vecina repetidamente la invitaba a asistir, pero Josefina rehusaba manteniéndose leal al llamado de su secta.

La célula se multiplicó en otra célula que se reunía calle abajo; después se multiplicó nuevamente. Los vecinos de los tres grupos celulares, trataron de ser amistosos con Josefina, invitándola a su respectiva célula. Ella logró mantenerse firme en su resistencia; no obstante, notaba la alegría, el canto vibrante y especialmente las vidas cambiadas de sus vecinos que asistían a las tres células. Finalmente, Josefina se decidió a asistir a una de las células de mujeres de su vecindad. Su motivación inicial fue probar el famoso ¡pastel de célula! Dios usó al líder de la célula para presentarle claramente el mensaje del evangelio y el Espíritu Santo hizo el resto, Josefina se arrepintió y dedicó su vida a Jesucristo.

Dios transformó a Josefina y su lucha con la ira se desvaneció, Cristo la ayudó a hablar con amabilidad a sus hijos para que respetaran a su padre. Los miembros de la célula le ofrecieron ayudarle apagar los costos legales para que se pudiera casar oficialmente con su esposo; pronto se bautizó en agua y justamente 15 días después de su conversión, Josefina abrió su hogar como anfitriona de un grupo celular. La célula en su hogar se ha multiplicado 4 veces; más que salir con los nuevos grupos celulares ha preferido permanecer como anfitriona en su hogar en todas las cuatro ocasiones. Dios ha continuado trabajando en Josefina en una manera poderosa. Su esposo recibió a Cristo y Dios les ayudó a ambos a encontrar empleo. (Su esposo no había encontrado trabajo durante 6 años.)

La estrategia de penetración de Elim es un principio clave, Elim cree que debe penetrar la ciudad como una fuerza poderosa para Jesucristo.

Ministerio evangelizador del anfitrión de célula

Elim da una alta prioridad al ministerio del anfitrión o anfitriona de célula; el anfitrión no solamente abre su casa, éste se involucra activamente en alcanzar a sus vecinos e invitarlos.

Nubia López, por ejemplo, comenzó su ministerio en Elim como anfitriona en 1997; abrió su casa para un grupo celular y comenzó a invitar a sus vecinos para ofrecerles su amistad, y finalmente alcanzarlos para Jesús, su objetivo era encontrar una necesidad y suplirla.

Una de sus vecinas era muy resistente al mensaje del evangelio, así que Nubia se ofreció a cuidarle a sus hijos puesto que ésta era su necesidad inmediata. Mientras Nubia cuidaba a estos niños, su vecina vio a Jesús demostrado en un modo práctico, así que se decidió a asistir a la célula y aún a acompañar a Nubia a la iglesia Elim.

Finalmente Nubia llegó a ser líder de célula y ahora practica las lecciones valiosas que ella aprendió como anfitriona de célula. Una de las razones claves por las que ella ha sido capaz de multiplicar su célula 7 veces, es por que conoce cómo hacer amistad con los no cristianos y finalmente convertirlos en discípulos de Jesucristo.

Aprovechando las oportunidades para evangelizar

En enero y febrero de 2001 San Salvador experimentó dos grandes terremotos.[25] Mucha gente perdió sus vidas y el daño material fue enorme. La Iglesia Elim literalmente perdió ciento ochenta y cinco células debido a la destrucción de casas y a los líderes de célula que murieron. Sin embargo, Elim aprovechó el momento a través de su estructura celular para alcanzar a los necesitados, proveyendo de alimento y abrigo a los menos afortunados. La iglesia agresivamente construyó casas para aquellos que habían perdido todo y generó buena voluntad entre el pueblo salvadoreño; Elim estaba lista para ayudar a la gente en su sufrimiento.

Dios les dio resultados de crecimiento emocionantes durante un tiempo de tragedia nacional; desde el tiempo justo antes del terremoto hasta el mes de marzo de 2001, iglesia Elim había ganado 406 nuevas células, 10,658 personas más asistiendo a las células 4,097 conversiones y 1,773 personas bautizadas.

Planificando para evangelizar

Cada semana el núcleo de la célula se reúne para planificar la estrategia de evangelismo para su reunión de sábado por la noche, (esto se explica ampliamente en el siguiente capítulo). Un líder celular exitoso de nombre Jaime Cea, quien ha multiplicado su célula en numerosas ocasiones, me dijo: «La reunión de planificación semanal es esencial para el evangelismo celular, planificamos cómo vamos a alcanzar a la vecindad y cómo vamos a desarrollar las amistades. También hablamos de a quién vamos a invitar, y asignamos a cada miembro de la célula la responsabilidad de invitar a ciertas personas; cada persona tiene un trabajo de evangelismo durante la semana en preparación para la reunión de célula».

Establecimiento de metas

Las almas cuentan para Dios y Elim cree que ellos pueden hacer un mejor trabajo ganando hombres y mujeres para Jesucristo si planifican para crecer. Mario Vega trabaja con cada distrito para determinar cuántas nuevas células pueden ser establecidas. Un distrito más nuevo y más receptivo, podría producir más células que uno más viejo y ya saturado.

Después de que Mario comenzó este proceso con los Pastores de distrito, llegaron al acuerdo conjunto de establecer una meta de seiscientas nuevas células para 2003. Las metas de multiplicación se ponen al día semanalmente y así se puede saber qué líderes están más cerca de alcanzar sus objetivos.

Al mostrar públicamente las metas, cada líder sabe donde él o ella se encuentran en el proceso de alcanzarlos. Los líderes se animan y se estimulan el uno al otro por el bien del Reino. Elim tiene la pasión para conquistar la ciudad para Jesús, y así cree firmemente en establecer metas claras para lograrlo.[26]

El privilegio de la multiplicación

Una persona no tiene que estar un largo tiempo en Elim para oír a cerca de los privilegios. Hablan mucho acerca del privilegio de ser¬vir, ya sea que esto abarque el diaconado, [27] la enseñanza en la iglesia de niños o liderar una célula. Uno de esos privilegios es multiplicar una célula. Elim enseña que el evangelismo de penetración debe dar como resultado la multiplicación celular.

René Molina, el Pastor de Elim en los Ángeles California, me dijo en una ocasión: «Nuestra gente aprende la multiplicación como un bebé aprende a hablar; es parte de su ADN desde el principio. Nuestra gente nace de nuevo mientras habla de las células y vive en ellas, se dan cuenta que las células también funcionarán para otros y así deben multiplicarse».

Aproximadamente el 85% de las células de Elim son el resulta do de la multiplicación celular madre-hija, en la cual familias esenciales dejan la célula madre para comenzar una nueva.

Elim también da lugar para plantar células nuevas, sólo una o dos personas que dejan la célula madre para comenzar una nueva célula desde cero. La principal razón por la que Elim planta grupos celulares nuevos es cuando se tiene como objetivo una vecindad, Elim podría querer abrir un distrito completamente nuevo, así que le pediría a las células que viven en otra área geográfica, plantar células nuevas en el área no alcanzada.

Cumpliendo el propósito evangelizador de Dios

Los miembros de Elim tienen una cierta urgencia que permea sus vidas; se dan cuenta que el tiempo es corto y que los hombres y las mujeres están totalmente perdidos sin Cristo, y comprenden su papel único de salvar tantos como sea posible a través de las células evangelizadoras.

Elim se ve a sí misma como un ejército de Dios, guerreando contra los poderes de las tinieblas mientras tratan de rescatar las almas que han sido tomadas cautivas por el lado oscuro. Tal vez porque han experimentado tanta guerra en su país comprenden la realidad de la batalla.

Cada ejército tiene una estrategia, Elim también tiene una estrategia para establecer un círculo de luz, un grupo celular en un hogar, en cada vecindario de la ciudad. La estrategia de la iglesia de grupos celulares es amar a la gente para Jesucristo en un ambiente amigable en una célula. Dios alcanzó a Julio César Merino a través del sistema de células de hogar de Elim. Mientras se iba convirtiendo en adulto a Julio le encantaban toda clase de deportes, pero un accidente automovilístico hizo que su habilidad como jugador disminuyera. Más que responder al llamado de Dios a su vida, Julio se lanzó al mundo de la bebida y del baile.

Jesús lo tocó a través de una célula cercana en su vecindad; confrontado con la verdad de la palabra de Dios, confió en Jesús como su Salvador del pecado. Julio comenzó a participar inmediatamente en la célula y a asumir responsabilidades en ésta, participaba regularmente en las reuniones de planificación de los miércoles y completó el seminario para líderes.

A sus padres no les importó su vida desordenada, pero rechazaron totalmente su conversión al cristianismo. La nueva pasión de Julio, encendida por el Espíritu lo sostuvo durante la persecución.

Finalmente cada uno de los miembros de su familia se convirtió al cristianismo a través del testimonio de Julio.

Comenzó a liderar su propia célula mientras estudiaba en la universidad. Llegó a graduarse como abogado y aunque trabaja todos los días de 8 de la mañana a 6 de la tarde su pasión real es ayudar a otros a encontrar al Salvador.

Actualmente supervisa seis células; aunque ya ha multiplicado pre-viamente 20 grupos celulares, como líder y como supervisor. El hacer dinero como abogado, no le impide servir al Rey de Reyes.

Sus amigos abogados respetan su celo por Jesús y su compromiso con la iglesia. Ya ha conducido algunos de sus compañeros a Jesús. Ahora que Jesús tiene el control, su vida está clara y completa, Julio encuentra una fuerza continua en la palabra de Dios, y vive la vida abundante a través del poder del Espíritu de Dios.

Capítulo Siete

Trabajando unidos para obtener resultados

En el capítulo 5 del evangelio de Lucas, versículos del 1 al 7, se nos narra la historia de Jesús y la pesca milagrosa. Los discípulos habían pescado toda la noche y no habían obtenido nada, pero a una orden de Jesús, lanzaron sus redes una vez más; leemos en los versículos 6 y 7: «Y habiéndolo hecho, encerraron gran cantidad de peces, y su red se rompía. Entonces hicieron señas a los compañeros que estaban en la otra barca, para que viniesen a ayudarles; y vinieron, y llenaron ambas barcas, de tal manera que se hundían».

El verso 10 nos dice que Simón y sus compañeros Jacobo y Juan estaban asombrados de la pesca. Pedro y sus compañeros trabajaron juntos para halar la gran cantidad de peces. Posteriormente, los discípulos se unirían para pescar personas y su compañerismo se volvería más profundo.

En el ministerio celular ocurre un verdadero compañerismo en el proceso de evangelizar. El trabajo del grupo a través del compañerismo del equipo es el pulso del ministerio celular. Todos se involucran: desde la persona que invita a alguien, el que provee los refrescos, hasta el que dirige la reunión. Es todo el equipo el que planea, concibe estrategias y encuentra nuevos contactos. La iglesia Elim es el mejor ejemplo que conozco de cómo el compañerismo trabaja en el ministerio celular.

Dos reuniones diferentes

Elim tiene dos reuniones diferentes: una para planificar y otra para alcanzar a los incrédulos. La célula evangelizadora se reúne los sábados por la noche y el equipo de planificación se reúne los miércoles o jueves por la noche para planificar la reunión evangelizadora de célula.

Elim no descubrió este doble mecanismo en Corea, sino que simplemente hicieron un ajuste a su estructura celular en 1986.

El Pastor Sergio Solórzano notó debilidad en algunos de los grupos que fallaban en planificar lo suficientemente para la reunión, y de una manera atinada Sergio sintió que había necesidad de más planificación y de más oración.

Desarrollando el núcleo

Cualquier creyente en Jesucristo puede participar en la reunión de planificación de media semana. La reunión de planificación permite a aquellos que tienen hambre de servir a Jesucristo involucrarse más profundamente en la vida de la célula, siendo capaces de planificar, orar y actuar; aquellos que participan en la reunión de planificación de media semana, se considera que son el núcleo de la célula.

Elim se ha dado cuenta que las mejores células son lideradas por equipos más que por un individuo y que la reunión de planificación de media semana provee el marco necesario para que el equipo se involucre.

René Molina, el Pastor Principal de Elim Los Ángeles, en California, dijo: «La reunión de planificación es la oportunidad para que los miembros muestren su preocupación para alcanzar a más gente perdida, ellos se reúnen porque tienen el celo de ver que algo más suceda en su célula, también es una oportunidad para ver cuan comprometida está la gente."

La Iglesia Elim está convencida que el éxito de la célula depende del equipo o núcleo. Elim ha aprendido por la experiencia a no exaltar a una persona. Realmente creen que el éxito en el ministerio celular, significa levantar un ejército de líderes.

Mario Vega manifestó: «La preparación del núcleo es parte de la cultura de Elim; después de 16 años, los miembros de las células saben que el objetivo de ésta es la multiplicación y se preparan para que esto suceda».

Propósito de la reunión de planificación

Aunque la adoración y la edificación tienen su parte en la reunión de media semana, la principal tarea es delegar responsabilidades para la reunión de célula del sábado por la noche, para asegurar el éxito de la célula.

El líder, por ejemplo, podría pedir a uno de los miembros de la célula visitar a alguien que no ha asistido recientemente. Todos son animados para evangelizar e invitar a nuevas personas.

Cuando la iglesia Bethany World Prayer Center visitó Elim en1994, se fueron con el concepto de los dos tipos de reunión: una para edificación y otra para evangelismo. Bethany sintió que no podía pedir dos reuniones de células por semana así que ajustaron sus células para los dos propósitos, evangelismo una semana y edificación la siguiente.

La realidad en Elim sin embargo es muy diferente, la reunión demedia semana no es primariamente una reunión de edificación, sino una reunión de planificación, el propósito de la reunión es muy claro: Prepararse para la reunión de célula del sábado por la noche y asegurarse que las tareas están delegadas, que la gente ha sido invitada y que todo esta bien preparado.

La reunión de planificación también se enfoca en cómo multiplicar la célula del sábado, preguntándose y respondiéndose preguntas tales, cómo: ¿Quién va a liderar la próxima célula? ¿Ha completado ya el futuro líder de célula el seminario y ha sido aprobado por el supervisor y el Pastor de zona? ¿Quiénes se irán con la próxima célula? ¿En qué lugar se reunirá la próxima célula? ¿Cuán cerca está la célula de multiplicarse? La reunión de planificación aclara el misterio del ministerio celular.

Orden de la reunión de planificación

Gerardo Andrés Leiva cree firmemente en la noche de planificación y ha participado en ella por los últimos ocho años. Desde que recibió a Cristo en una célula en 1995, ha multiplicado 10 células, ya sea como líder o como supervisor. Su reunión de planificación, como todas las de Elim, siguen este orden:
- Oración inicial
- Lectura de la Biblia (y tal vez una breve exhortación).
- Compartir la visión:
    - Metas de crecimiento.
    - Visión de la iglesia.
    - Evangelismo.
- Resultados de la última reunión de planificación.
    - ¿Qué metas se cumplieron?
    - ¿Se visitó a las personas?
- Plan para la siguiente célula de sábado.
    - Delegación de las tareas de visitas pida a los miembros

del equipo, que visiten aquellos que no han asistido a la célula.
* Pida a un miembro del equipo, discipular a un nuevo converso.
* Decida cómo cada miembro del núcleo participará en la próxima reunión de célula.
* Prepare los detalles del bus que traerá a la gente al servicio del domingo.
* Decida quién dirigirá la oración, quién pedirá la ofrenda y quién expondrá la lección.
* Se requiere la oración personal de los presentes en la reunión de planificación.
* Anuncios de lo que está sucediendo en la iglesia y en la zona.

Noté esa misma pasión de liderazgo en todas las reuniones de planificación que visité: oraciones fervorosas, una lectura de la Escritura fervorosa y una pasión para hacer que la reunión de célula del sábado por la noche funcione.

No hay duda que la reunión de planificación es un factor clave del crecimiento de las células y de su eventual multiplicación.

No hay cierres

Las células no se cierran en Elim, el liderazgo hace todo lo posible por mantener a los grupos vivos. Un Pastor de zona me dijo que era «pecado» cerrar una célula. Mario dijo: «Es normal que los grupos celulares se multipliquen en un año ya que son evangelizadores; son instruidos para alcanzar a sus amigos, y eso es lo que hacen, así que no hablamos mucho acerca de cerrar células». Las células se reúnen durante todo el año y Elim nunca se toma descansos específicos. Mario me dijo: «No hay una semana en el año en que no haya una reunión de célula».

Formato de la célula

El líder sigue a la célula muy de cerca, muy similar a lo que sucede en la iglesia de Cho. Isaac Pozo Pastor de zona de Elim, me explicó, «el objetivo de la célula es estudiar la Palabra de Dios, eso es diferente a predicar, es un estudio sistemático de la palabra de Dios».

Aún así, yo no considero a sus células cómo reuniones de estudio bíblico, a causa de que aplican la Palabra de Dios en sus vidas diarias. El objetivo es el evangelismo y la multiplicación, lo cual no ocurre en un estudio bíblico cerrado.

A diferencia de otras reuniones de estudio bíblico, uno puede sentir la pasión de los líderes de célula durante el tiempo de la reunión. En febrero de 2003 visité cinco células el mismo sábado, en todas las células pude sentir la alegría y el entusiasmo del líder. «Estos líderes están llenos con el gozo de Jesús», pensé para mí mismo. En realidad ellos solamente están siguiendo a sus compañeros. Han visto el fervor y la pasión en los que los han guiado y ahora hacen lo mismo.

Las guías de estudio

Mario Vega comenzó creando sus propias lecciones bíblicas en1987. Cuando Sergio vio lo que Mario estaba haciendo, le pidió que hiciera las lecciones para todas las células de Elim. Las lecciones de Mario, que comenzó con el evangelio de Juan, llegaron a ser oficiales para todos los líderes de células de Elim. Aunque Mario estaba haciendo las lecciones semanalmente, Sergio le pidió que hiciera suficientes lecciones para un trimestre completo. Hasta el presente, Elim hace suficientes lecciones para un bloque de tres meses.

Las guías de enseñanza de Elim, proveen de tres meses de material a la célula. Estas lecciones siguen el calendario de predicaciones expositoras de los servicios de media semana en Elim, a manera de darle continuidad. La guía sigue el siguiente patrón:

1) Título del mensaje.
2) Versículos de la Biblia (escritos.)
3) Tema central del mensaje.
4) Introducción (un resumen de la lección en cuatro frases.)
5) Cuerpo del mensaje (normalmente 3 puntos principales con un párrafo de explicación debajo de cada punto.)
6) Aplicación (un resumen de cómo aplicar el mensaje a la vida.)

Estas *guías de células* son similares a la guía devocional «El PanDiario» (las dos tienen el mismo tamaño). El líder estudia cada lección usando esta guía y así se prepara ordenando sus propios pensamientos y preguntas. Las células en Elim suelen seguir este orden:

Elim: orden de la célula	
1 Saludo	Anfitrión
2 Oración inicial	Líder
3 Cantos, dos o tres	Líder o miembro del equipo
4 Estudio	Líder
5 Invitación	Líder
6 Oración por necesidades diversas	Líder y personas designadas
7 Ofrenda	Miembro del equipo
8 Refrescos	Miembro del equipo
9 Preguntas acerca del estudio	Cualquiera
10 Recolección de datos estadísticos	Secretario
11 Anuncios	Líder
12 Oración final	Líder

Ministerio infantil efectivo

Elim ministra a cerca de 55,000 niños cada semana en células infantiles. Muchas de estas células infantiles se reúnen al mismo tiempo que se reúne la célula de adultos en otra habitación de la misma casa. Sin embargo, la tendencia actual es de que las células infantiles se reúnan algunas horas antes de que se reúna la célula de adultos del sábado por la noche.

Una de las tareas primordiales de Mario desde que es Pastor General de Elim, es la de formar apropiadamente a los líderes de células infantiles. Él espera tener pronto el mismo número de células infantiles que de adultos. Al tiempo de escribir este libro, sin embargo, había menos de un tercio de células infantiles (2,000) que de células de adultos (6,600). Esto significa que 27 niños asisten a cada célula infantil, lo cual es demasiado. El personal de Elim esta diligentemente tratando de corregir este problema levantando un ejército de líderes de células infantiles.

Un ejemplo de una lección de la guía de estudio infantil es el siguiente:

Sábado, 30 de agosto
Bienvenida y oración inicial
Cantos (10 minutos)

<u>La ofrenda de la vida</u>

Rompehielos (10 Minutos)
• ¿Qué es lo más importante de dar ofrendas a Dios?
• ¿Solamente pueden ofrendar las personas ricas?
• ¿Se preocupa Dios por la cantidad de dinero que se ofrenda?
Lectura: Marcos 12:41-44
Busca en la biblia (10 Minutos)
• ¿Era bastante lo que los ricos daban de ofrenda? (v. 41)
• ¿Qué dijo Jesús sobre la ofrenda que dio la viuda? (v. 43)
• ¿Qué dijo Jesús sobre la ofrenda de los ricos? (v. 44)
Enseñanza (10 Minutos)
1-La ofrenda de los ricos. Estando delante de la caja don-de se echaban las ofrendas en el templo, Jesús veía cómo había personas ricas que daban grandes cantidades de dinero. Seguramente que las personas veían con admiración a estos ricos porque daban mucho; pero, Dios no se deja impresionar por las
apariencias. Él ve el corazón. Lo más importante para Dios no es la cantidad que se da, sino la actitud del corazón.
2-La ofrenda de la viuda. Jesús vio a una viuda pobre que daba dos blancas. Eso equivalía a la cuarta parte de un centavo. A pesar de que la mujer había dado una cantidad muy pequeña, Jesús dijo que ella había dado más que todos. Eso de acuerdo

a las matemáticas no era correcto; pero el Señor no estaba hablando matemáticamente, sino desde el punto de vista de lo que Dios ve.

3-Lo que dios ve. Jesús explicó a sus discípulos que los ricos únicamente habían dado de lo que les sobraba en tanto que la viuda había dado todo lo que tenía. Lo único que tenía para su alimentación. Eso significaba que ella había dado con todo su corazón. Los ricos daban las sobras y así veían a Dios: como alguien a quien hay que darle sólo las sobras.

Aplicación (5 Minutos)

El corazón es lo más importante para Dios. A él no le interesa tanto lo que hacemos sino por qué lo hacemos. Las grandes cantidades de dinero no pueden cegar a Dios de la verdad que hay en el corazón. Por ese motivo la próxima vez que te encuentres frente a Dios reflexiona sobre lo que tu corazón abriga. Para que tu corazón sea agradable a Dios es necesario que recibas a Jesús como tu salvador. Él sabe si lo has recibido con sinceridad o no. Hazlo con toda sinceridad.

Invitación para recibir a Jesús.
Memorizar: marcos 12:44 (10 minutos)
Ofrenda y oración final (5 minutos)

Capítulo Ocho

Cuidando a los soldados

Alejandro Aquino recibió a Jesús cuando era un niño, pero solo comenzó a caminar cerca de Jesús cuando captó la visión celular en Elim. Él se acuerda de la líder de la célula que se reunía cerca de su casa. «Ella era muy buena conmigo, visitaba nuestra casa y me recordaba de la reunión del grupo celular».

Él asistió a esta célula por cerca de un año, antes de asistir al servicio de celebración en Elim.

Alejandro llegó a ser el asistente de líder de la célula y el 1 de diciembre de 1988 condujo su primera célula, «tenía temor de ser el líder del grupo», dijo, «sin embargo en mi debilidad, Jesús me dio la fuerza».

Dios usó a Alejandro para animar a otros a no ver sus debilidades y comenzó seis nuevas células. Los que supervisaban a Alejandro notaron su pasión y su efectividad y lo nombraron supervisor el 2 de enero de 1990.

Como supervisor, Alejandro ayudó a que seis células bajo su cuidado crecieran y se multiplicaran en aproximadamente veinticuatro células al final de 1992. Después, en 1993 los líderes que supervisaban a Alejandro le pidieron comenzar de nuevo en un distrito recientemente abierto en la ciudad. «Elim me envió a un área que era más difícil para el evangelio», me dijo. Alejandro multiplicó su célula en ésta nueva locación aproximadamente 45 veces.

En 1997 el liderazgo de Elim lo tomó como parte de su persona la tiempo completo. Comenzó su zona con treinta y nueve células y ahora tiene cien. Los líderes de Elim buscan a aquellos que son fructíferos y desarrollan un liderazgo desde dentro; quieren asegurarse que la persona ha sido fructífera en crecer y multiplicar un grupo celular, antes de darle más autoridad.

Mis preguntas obvia para Alejandro eran éstas: «¿Cuál es la clave para su éxito? ¿Cómo hace para que esto funcione?».

Él contestó: «La clave es mantenerse apegado a los fundamentos, no hay una fórmula mágica, es un asunto de persistir en hacer las cosas correctas».

–«¿Cuáles son algunas de esas cosas correctas?», le pregunté.

Él respondió: «En primer lugar, depender de Dios. Él es el único que da el éxito. Él líder debe crecer espiritualmente para que haya éxito; segundo, asegurarse de que los que estén en la célula están haciendo amistad con los no cristianos; tercero, ya sea como líder, supervisor o Pastor de zona es esencial tener una visión clara de adónde se está yendo; los objetivos ayudan a aclarar el camino que está por delante».

Yo continué preguntándole: «¿Cuáles son algunas de las fallas comunes del ministerio celular?», él me dio las siguientes:

- Omitir la reunión de planificación o ejecutarla pobremente.
- Cuando los supervisores no reciben el cuidado que necesitan de parte de sus Pastores de zona.
- La falta de preparación.

Esta conversación con Alejandro me recordó que la batalla es fiera, y que Satán no da la espalda cuando los obreros de Dios le están dando batalla, resiste con toda su furia y con toda su fuerza. La estructura celular provee una manera de organizar a la iglesia para el crecimiento. Sin embargo, para hacer que funcione a largo plazo, se necesita preparar profundamente a aquellos que están en la batalla.

Estructura de cuidados competentes

Desarrollo de la estructura celular
La estructura de cuidados de Elim ha estado cambiando y desarrollándose desde 1986 cuando Sergio les pidió a sus 25 iglesias Elim afiliadas unirse en una sola gran iglesia.

Administración de células
Actualmente es popular hablar de grupos celulares homogéneos (e.g., células de hombres, células de mujeres, células de jóvenes, etc.)Sin embargo, el organizar de acuerdo a la homogeneidad no es la única manera de estructurar grupos celulares. Elim usa células definidas geográficamente para penetrar El Salvador para Jesús. La basta mayoría de esas células son células familiares heterogéneas.

La iglesia de David Cho fue la primera en usar el modelo geográfico para estructurar los grupos celulares, nadie puede argumentar que el sistema geográfico de Cho no le haya funcionado bien. (Con 25,000 grupos celulares, 250,000 asistiendo a la iglesia madre y llegando a ser la iglesia más grande en toda la historia del cristianismo)

Elim adoptó la organización geográfica básica de Cho. Están organizados geográficamente en sectores, zonas y distritos basados en el mapa de la ciudad de San Salvador. Las células se multiplican dentro de esas áreas y los recién llegados son asignados a grupos de acuerdo a donde viven mas que de acuerdo a su homogeneidad (ver figura en página siguiente).

Este sistema de administración celular, está vagamente basado en el consejo de Jetro a Moisés: «Además escoge tú de entre todo el pueblo varones de virtud, temerosos de Dios, varones de verdad, que aborrezcan la avaricia; y ponlos sobre el pueblo por jefes de millares. De centenas, de cincuenta y de diez» (Éxodo 18:21)

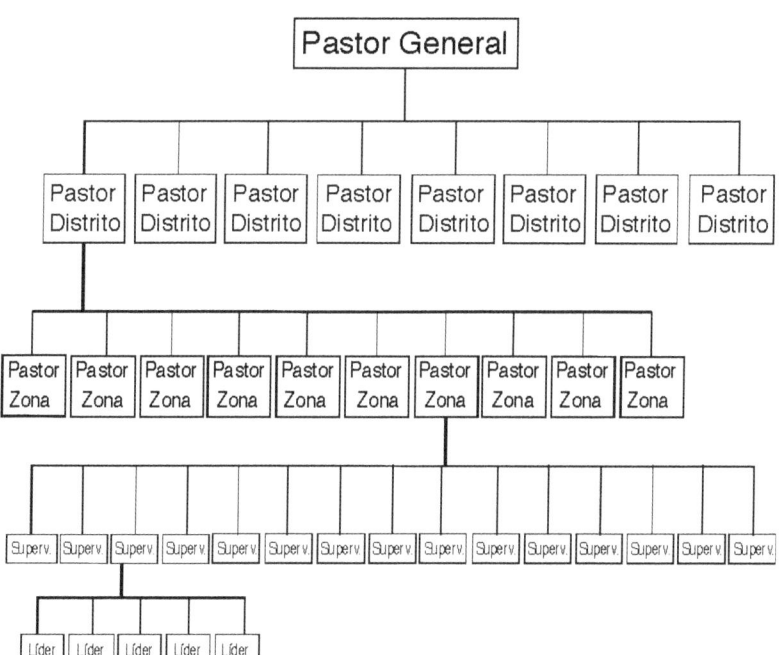

Elim: Estructura administrativa celular

En Elim hay 9 Pastores de distrito y 67 Pastores de zona; cada Pastor de distrito tiene aproximadamente 731 células bajo su cuidado (cerca de 12,500 personas). Treinta y cuatro de los 67 Pastores de zona tienen cada uno aproximadamente 1,000 personas bajo su cuido. El Pastor de zona supervisa entre 15 y 30 supervisores bajo su cuidado; realmente es un trabajo a tiempo completo.

Los Pastores de zona se reúnen semanalmente con los supervisores y con los líderes de células para enseñarles la lección semanal, para que ellos puedan a su vez enseñárselas a sus grupos. Durante esas reuniones se transmite ánimo, motivación y visión. Elim sobresale en su supervisión de «alto nivel» –cada líder tiene otro líder que lo guía.

El rol del supervisor

Mario Vega señala como *central* a su sistema de supervisión para el éxito de la célula. El papel del supervisor es otro nombre para «coach».(28) (Mi libro, *Cómo Ser un Excelente Asesor de Grupos Celulares*, profundiza en detalle acerca de este papel.) El supervisor es el coach de los líderes de célula; es él quien les ayuda a triunfar. El supervisor sirve a Jesús como voluntario sin recibir ningún salario; pero, si un supervisor aspira a finalmente convertirse en Pastor de zona, él sabe que debe ser exitoso en su papel de supervisión actual. La progresión es clara, de miembro de célula a líder de célula, a supervisor, a Pastor de zona, a Pastor de distrito. Para convertirse en supervisor, un líder de célula debe tener pasión por el ministerio celular. Segundo, el líder de célula debe tener éxito en multiplicar su grupo celular, solamente se invita a ser supervisores a los líderes de célula exitosos.

De inmediato, el supervisor busca en su sector a un líder de célula con éxito, quien podría eventualmente tomar la mitad del sector cuando se multiplique. El Pastor de zona también trabaja cercanamente con el supervisor para decidir quien podría ser el mejor candidato.

Un supervisor me dijo en una ocasión: «Le doy más atención a las células que están teniendo problemas, porque mi objetivo es fortalecer esas células para que sean saludables y finalmente den a luz a otras».

Un supervisor visitará los grupos celulares bajo su cuidado todos los sábados por la noche. Puesto que trata de visitarlos a todos, solamente puede permanecer de 5 a 10 minutos en cada célula. Ocasionalmente, podría asistir solamente a una célula, si siente que se está dando un problema en particular.

El supervisor visita las diferentes reuniones de planificación que tienen lugar los jueves (o miércoles por las noches.) Nuevamente, él simplemente visita esas reuniones para asegurarse que el líder está organizándolas apropiadamente; tiene la libertad de permanecer solo en una el tiempo completo de la reunión, pero normalmente visitará varias en una sola noche.

Los Pastores de zona se reúnen con los supervisores y líderes para repasar la lección, ya sea el lunes, martes o miércoles, dependiendo de cuándo el distrito en particular asista al servicio de enseñanza de media semana en la iglesia.

Al final de la reunión junto con los Pastores de zona, los supervisores se reunirán con los líderes de célula bajo su cuidado. El supervisor les proveerá de sobres para ofrenda y de formularios para reporte de célula; platican de los problemas y de las victorias en particular en su sector, podrían necesitar hablar acerca del transporte en bus a la iglesia el domingo. El supervisor especialmente ora por la gente necesitada en cada célula, el trabajo del supervisor es ministrara los líderes de célula.

Otra función importante del supervisor es contratar el bus que llevará a los miembros de las células y a los líderes al servicio de celebración de Elim el domingo; los miembros de cada célula esperan juntos en un punto en particular para que los recoja y los lleve al servicio, posteriormente el mismo bus los traerá de regreso.

El supervisor debe desarrollar relaciones con los líderes, si el líder está enfermo por ejemplo, el supervisor lo visitará; si el líder no tiene empleo, el supervisor trata de encontrar empleo para él. Tienen que trabajar juntos para asegurarse de que las necesidades del líder están siendo satisfechas.

El papel del Pastor de zona

El Pastor de zona, el cual es una persona que trabaja a tiempo completo y recibe un salario, supervisa a los supervisores bajo su cuidado, que podrían llegar a ser de 15 a 30. Por esta razón, no está fuera de lo común, para un Pastor de zona, ser responsable de unas 100 células y de entre 1,000 y 1,500 personas. El Pastor de zona visita y cuida de sus supervisores y líderes de célula, predica durante los servicios de media semana y administra los sacramentos en su zona.

Isaac Pozo, un Pastor de zona, ha servido en esta posición por espacio de 12 años. Tiene 128 células bajo su cuidado: «he visto muchos cambios acá, desde que comencé mi ministerio con Elim en1985. Planté una iglesia Elim pero después se me pidió que me integrara a la iglesia madre, después que el Pastor Sergio regresara de Corea. Me gusta el sistema celular porque es bíblico», dijo él.

Isaac cree que el sistema celular ofrece más cuidados y oportunidades para que las personas crezcan en su relación con Dios. Su horario básico es el siguiente:

Lunes:
- Se reúne a las 8:00 a.m. en la oficina del distrito con otros Pastores de zona, el objetivo es reunirse para revisar los reportes de célula del anterior sábado por la noche que fueron entregados por los supervisores voluntarios.
  - Éste no es un ejercicio sin pasión, los Pastores de zona diligentemente juntan esos reportes porque saben que los reportes exactos les dan precisión a sus ministerios y les ayuda a conocer si están alcanzando sus metas.
  - Los reportes incluyen información sobre: Asistencia a la célula, número de nuevos visitantes, conversiones, reconcilios, bautismos en agua y la cantidad de la ofrenda. El reporte también provee información acerca de las visitas a nuevos miembros, evangelismo, etc.
- Los Pastores de zona hacen después un reporte general, el cual lo entregan al Pastor de distrito; después, los Pastores de distrito entregan sus reportes a las scretarias quienes elaboran un reporte general para Mario Vega que debe estar en su oficina el martes por la mañana.–«¿Realmente necesitas hacer todo eso?», pregunté. –«Somos un ejército», me dijo Isaac, «un ejército sabe lo que está sucediendo en cada campo de batalla».
- A las 2:00 p.m. los Pastores buscan al Señor juntos, oran y meditan en la palabra de Dios y crecen juntos como un equipo unificado.
- El lunes por las noches cada Pastor hace lo que necesita hacer (e.g., visitar, llamar o pasar tiempo con su familia).

Martes:
• *Mañana:* Cada distrito se reúne por separado (el Pastor de distrito con los Pastores de zona), para hablar acerca de los eventos que realizarán en el futuro, las metas y estrategias. En esta ocasión hablarán de si han alcanzado sus metas; y si no, se preguntarán: «¿Por qué no?». Isaac me dijo: «de ninguna forma hay un espíritu de competencia, más bien, queremos ayudarnos los unos a los otros a lograr nuestro máximo potencial».
• Tarde: Comienzan preparando la lección de la guía de estudios que enseñarán a los supervisores y a los líderes de células por la noche; los Pastores de zona enseñan la lección a los supervisores y a los líderes de célula, después los supervisores se reúnen con sus líderes para afinar detalles.
• Noche: Los Pastores de zona van a sus diferentes zonas a reunirse con sus supervisores y con los líderes de células para orar, ministrar y para repasar la siguiente lección para el sábado por la noche. El Pastor de zona quiere asegurarse que los supervisores y los líderes de célula hayan comprendido el significado tras la lección para que puedan hábilmente compartir la palabra de Dios con sus grupos de célula. Más que una prueba dura y ritualista, el Pastor de zona apasionadamente anima a los supervisores a permanecer fieles, animándolos, cuidando de ellos y retándolos. Después de que el Pastor de zona ha hablado, los supervisores se reúnen en pequeños grupos con los líderes de célula.

Miércoles:
• *Mañana:* Mario Vega se reúne con todos los 77 Pastores. Mario habla a sus vidas de la palabra de Dios, compartiendo la visión estratégica de alcanzar la nación para Jesús y la pasión de Elim alrededor del mundo.
• *Noche:* Hay un servicio de enseñanza expositiva en la iglesia,(normalmente Mario Vega sigue una exposición prescrita versículo a versículo, de un libro de la Biblia).

Jueves:
• *Mañana, Tarde y Noche.* Este día es dedicado a la vida devo-

cional. Todos los Pastores ayunan durante el día y se dedican a la oración, al estudio de la Palabra de Dios y a la discusión de materias doctrinales.

Viernes:
• Día libre para todos los Pastores.
• Noche: Hay un servicio de enseñanza expositiva en la iglesia que sigue el mismo patrón exacto del miércoles por la noche descrito arriba.
• Una vez por mes, sin embargo, cada distrito colaborará siendo el anfitrión del servicio de vigilia en la iglesia.[29]

Sábado:
• Los sábados, los Pastores se preparan ante el Señor y ofrecen ayuno. Para que todos los distritos puedan tener dos servicios de formación por semana, además de la celebración del domingo, hay un servicio los sábados por la tarde.

Domingo:
• Cada distrito tiene su servicio en particular. Por ejemplo, el distrito 3 tiene su servicio de celebración a las 11:30 de la mañana. Solamente los miembros que viven en el distrito 3 estarán presentes en ese servicio. Yo le pregunté a Isaac: «¿No te importa la presión? ¿No comienza a molestarte?». Él respondió: «es un estilo de vida, es un privilegio servir a Jesucristo».

El papel del Pastor de Distrito
El Pastor de distrito ejerce el papel de liderazgo en Elim directamente bajo el Pastor Mario Vega. El Pastor de distrito es parte del personal a tiempo completo y recibe un salario. Él es el responsable de todo su distrito. Cada Pastor de distrito tiene aproximadamente 675 células bajo su cuidado y unas 14,500 personas; el Pastor de distrito principalmente trabaja con sus 12 Pastores de zona para cuidar del distrito. Está realmente involucrado en la predicación, (que incluye el día domingo) y en la administración de los sacramentos para su distrito en particular. El horario normal para un Pastor de distrito incluye lo siguiente:

Lunes:

- *Mañana y Tarde:* Los 9 Pastores de distrito se reúnen con Mario Vega para examinar lo que ha sucedido en las células durante la semana anterior; toman decisiones para mejorar el sistema celular a la luz de lo que han visto, identifican las debilidades y tratan de corregirlas. Posteriormente, estas decisiones son comunicadas a los Pastores de zona. También toman decisiones acerca de otros aspectos de la iglesia, tales como el cuidado de los diáconos y diaconisas, el cuidado de las mujeres, los jóvenes y los niños. Los Pastores normalmente almuerzan con Mario Vega mientras continúan discutiendo las actividades de la iglesia.

Martes:

- *Mañana y Tarde:*
    - El Pastor de distrito está en la iglesia para la consejería y ministrar, especialmente a los Pastores de zona, pero también para los problemas mayores que pudieran aparecer.
    - El Pastor de distrito tiene responsabilidad administrativa. Noche: Enseñanza doctrinal en la iglesia. (Cuatro distritos se reúnen los miércoles para esta enseñanza expositiva y los restantes cuatro se reúnen el jueves.)

Miércoles:

- De 8:00 a.m. a cerca de las 4:00 p.m.: Todos los Pastores se reúnen con Mario Vega durante todo el día. ¿De qué les habla el Pastor General?
    - Los forma en teología y liderazgo.
    - Visualizan el futuro juntos.
- Por la noche los Pastores de distrito hacen rotación entre las reuniones de los Pastores de zona con sus supervisores y líderes de célula.

Jueves:

- *Mañana, Tarde y Noche:* Éste es el día dedicado a la vida devocional, todos los Pastores ayunan durante el día y se dedican a la oración, al estudio de la palabra de Dios y a la discusión de asuntos doctrinales.

Viernes:
- Éste normalmente es día libre para todos los Pastores (los Pastores de distrito tienen turno en la iglesia los viernes para aconsejar y ministrar).

Sábado:
- Servicio de ayuno y oración por la mañana en preparación para la adoración del domingo.
- Seminario de preparación para nuevos líderes.
- Un servicio de adoración el sábado por la tarde.

Domingo:
- Servicios del domingo: A cada Pastor de distrito se le asigna una hora en particular para el servicio de adoración de su distrito. El distrito 3 por ejemplo, y todos los miembros de ese distrito, asistirán al servicio de adoración a su hora asignada, es decir, a las 11:30.

Los ancianos y diáconos de Elim

La labor de un anciano en Elim es administrar la iglesia juntamente con el Pastor General. De hecho; el Pastor General es considerado como uno de los ancianos. El Pastor General y sus ancianos toman decisiones acerca de cómo administrar los fondos (compra de terrenos, construcciones, salarios, etc.)

Los ancianos reciben regularmente la información al día acerca del estado financiero de la iglesia y así tienen la información necesaria para tomar decisiones inteligentes. El número de ancianos está limitado a seis al presente.

Hablé con uno de los ancianos de nombre Carlos Arturo Luna y le pregunté que era lo que distinguía a Elim de otras iglesias alrededor del mundo; su respuesta fue inmediata: «Muchas iglesias practican el evangelismo pero la gente se retira, los grupos celulares no solo evangelizan a las personas, también los hace discípulos en un ambiente familiar. El ministerio celular es una bendición de Dios».

Uno de los ancianos que sirvió junto con Sergio Solórzano en los primeros días, fue un hombre llamado Rafael Martínez, un exitoso hombre de negocios en El Salvador. Rafael es muy querido en Elim debido a que Dios lo usó en muchas maneras significativas; por ejemplo, fue el instrumento que convenció a Sergio Solórzano para visitar Corea en 1986; también compró la primera radio estación para Elim; Dios también usó a Rafael para dar un apoyo financiero a la visión de Elim.

Hay cerca de 5,000 diáconos en Elim. Todos los diáconos son líderes de célula, ya que éste es el principal requisito para servir como diácono. Los diáconos cuidan y ministran a las personas durante los servicios de celebración, también sirven como asistentes de parqueo, dan la bienvenida, acomodan a las personas y tienen cuidado de los niños; asimismo cuentan las ofrendas, aconsejan a los que reciben al Señor Jesús, organizan la información del visitante y ayudan en toda manera posible. Los diáconos no tienen ningún poder de decisión administrativa; visten uniformes, lo cual les distingue fácilmente durante los servicios de celebración.

El cuidado para los líderes principales

Cada año, todos los Pastores de las iglesias Elim en el mundo se reúnen para edificarse. Suele ser éste un evento de cuatro días, donde el líder principal Mario Vega habla a los Pastores la Palabra de Dios. Los Pastores tienen un día para ayunar y orar hasta las 6 de la tarde, enfocan su adoración y sus oraciones en Jesús. Cada retiro tiene un tema, hace dos años éste se enfocó en la pureza de vida del ministro y el año pasado el tema fue Jonás, para el 2003 el tema fue la verdad.

En 2003 cerca de 300 Pastores de alrededor del mundo convergieron en Guatemala para este evento; no obstante, el mismo año, Mario tuvo un retiro similar con los Pastores de Elim en EE.UU.

Involucrados con pasión

Cuando la pasión por Cristo controla a una persona, Jesús llega a ser el número uno. La pasión de Dios coloca a Jesús sobre toda cosa. La pasión por las almas conmueve a todos en Elim para estar activos en la batalla, ninguno está en los flancos. Todos, incluyendo al liderazgo principal están activamente involucrados en el ministerio celular.

A todos a los que entrevisté en Elim acerca de los requisitos del liderazgo, la respuesta era: «no es cuestión de cumplir requisitos, es cuestión de crecer en Cristo a través del servicio».

Capítulo Nueve

Preparando a los líderes para la batella

Jaime Cea, aunque conocía a Jesús desde una tierna edad, aceptó asistir a un grupo celular cuando su compañero de trabajo se lo pidió. La visión que tenía de la iglesia era de ver Pastores, programas y edificios. Así que cuando comenzó a asistir a la célula de Elim en1993 se llevó una gran sorpresa, así que no pasó mucho tiempo antes de que cayera cautivo en la red. «Amaba la intimidad y el compañerismo», dijo. A Jaime le tomó solamente un mes saber dónde era que él pertenecía. Aquí había encontrado lo que estaba buscando.

«No había forma de llegar a ser un líder en la iglesia a la que asistía antes de llegar a Elim», me dijo Jaime. En Elim, se espera que todos maduren en Cristo, tomen el seminario y continúen en el proceso de evangelización de alcanzar a un mundo perdido para Jesucristo. «Era difícil convencer a mi esposa para que viniera», dijo. Pero Jesús trabajó en el corazón de ella y pronto la familia completa estaba asistiendo a una célula de Elim.

Jaime tomó el seminario de formación de líderes de Elim y aprendió cómo convertirse en un líder. En el seminario aprendió cómo funciona una célula y cómo se lidera a un grupo. Los servicios de enseñanza semanal y la predicación del domingo también le ayudaron a Jaime a desarrollarse como líder. «Amo la enseñanza de Elim acerca de mi seguridad en Cristo. En mi iglesia anterior se me enseñó que podía perder mi salvación».

A finales de 1993, Jaime ya estaba liderando un grupo celular, comenzó a invitar a amigos que respondieron de buena gana. En dos meses Jaime había multiplicado su célula, después la célula se multiplicó una y otra vez hasta completar 6 multiplicaciones. El liderazgo de Elim se acercó a Jaime y le pidió ser supervisor.

Elim tiene pasión en el desarrollo de un ejército de líderes que cumplan con los requisitos. La producción de este tipo de liderazgo apasionado es contagioso.

Lo que se requiere para ser un líder en Elim

Los requisitos de Elim para el liderazgo son muy simples. Éstos incluyen:

• Nacido de nuevo y bautizado.
• Un tiempo de estar en la iglesia y en la célula de al menos 6 meses.
• Completar el curso de formación de líderes que dura de 4 a 6 semanas.

La razón por la cual Elim puede simplificar el proceso es debido a que la supervisión le permite dirigir al líder de cerca suavizándole la carga. Elim también provee a todos los nuevos miembros de la Iglesia una dieta consistente y saludable de enseñanza doctrinal que les ayuda a crecer en el conocimiento bíblico.

También está la reunión de media semana que asegura que el líder no estará liderando la célula él sólo. Un supervisor constantemente rota entre las células para asegurarse que hay control de calidad; es un esfuerzo en equipo.

Seminario de entrenamiento de 4 semanas

Todo aspirante a líder debe tomar el seminario de formación de líderes de 4 semanas. El Pastor de distrito enseña este curso con la ayuda de un Pastor de zona, cada distrito ofrece este curso varias veces durante todo el año. La siguiente tabla explica el contenido de este seminario de entrenamiento de liderazgo:

Seminario de entrenamiento para nuevos líderes

Primera Semana	Segunda Semana	Tercera Semana	Cuarta Semana
El llamado al liderazgo. La visión de las células. La razón de las células.	Requisitos y características del liderazgo. Lección preparatoria.	Cómo operan las células y cómo se multiplican.	Aministración y organización de las células. Examen final.

Elim comprende que un líder de célula tendrá que responder a la mayoría de las preguntas en el calor de la batalla; por lo tanto, les dan los fundamentos de antemano, pero cuidadosamente supervisan al nuevo líder cuando éste está liderando la célula. El supervisor responde las preguntas que surgen de acuerdo a la necesidad (e.g., después de la reunión de célula, durante la preparación de la lección de los martes, durante la reunión de planificación).

Dependencia de las reuniones semanales

Una vez una persona llega a ser líder de célula es constantemente apoyada por el supervisor, quien la asesora en las reuniones de preparación de la lección el martes por la noche y en las reuniones de planificación de los miércoles (el supervisor rota entre las reuniones de planificación así como también en las reuniones de célula). El líder puede esperar ver al supervisor cinco minutos al menos durante la reunión de célula del sábado por la noche. Pocos requisitos se necesitan al principio para ser líder debido a que hay bastante supervisión, a que cada quién sabe su papel y al discipulado.

La estructura de cuidados de Elim se divide geográficamente en sectores, (una unidad de vecindario), zonas (un grupo de sectores); y distritos (varias zonas). Las reuniones semanales tienen lugar en el ámbito de la zona. Elim prepara lecciones escritas para los líderes de células y después diligentemente los entrena para poder dar las lecciones. Poco se deja al azar. Durante estas reuniones se transmite la visión, se anima a las personas y se les motiva. A todos los líderes de células se les pide asistir a estas reuniones semanales.

Formación y estudios posteriores

Mario Vega y el equipo pastoral, animan a los jóvenes a incrementar su formación académica al más alto nivel posible, Mario dijo, «algunos Pastores que abandonaron sus estudios seculares en algún punto en la vida, están ahora finalizándolos. Algunos están planeando tomar cursos de formación teológica a un nivel más alto en el futuro». Mario continuó: «actualmente les ofrecemos a los Pastores conferencias sobre matrimonio, misiones y Teología; queremos que nuestros Pastores crezcan en conocimiento».

Elim ha hecho una conexión especial con la Universidad Logos, en Jacksonville que tiene un campo de extensión en El Salvador. Esta extensión está bajo la cobertura de la cadena de Logos Educators Network (www.logos.edu). Mario cree que un hombre o una mujer de Dios con pasión y conocimiento es mejor que un hombre o una mujer con solamente la pasión. Algunos ministros de Elim están ahora obteniendo sus doctorados. «Animamos especialmente a obtener grados más altos a aquellos que se consideran para el trabajo demisiones en el exterior; un ministro con un nivel de graduado tiene más puertas abiertas en otros países y culturas», dijo Mario.

Capítulo Dies

Expandiendo la red organizacional

Un ejército depende de información estadística precisa para conocer el paradero del enemigo, así como también sus fortalezas y debilidades. La capacidad de obtener información de hecho hace la diferencia entre los militares exitosos y los inefectivos.

Mucha gente desprecia los controles estadísticos, lo que no sucede en Elim donde se apasionan por ellos. Se dan cuenta de que las estadísticas exactas y al día les ayudan a hacer un mejor trabajo para alcanzar a las gentes para Jesucristo. Por esta razón Elim conoce exactamente qué es lo que está sucediendo en su sistema celular cada semana.

—«¿Realmente es necesario tener estadísticas exactas?», pregunté a Mario.

Él replicó: «no sabríamos si hemos alcanzado nuestras metas sin estadísticas exactas». El no llevar estadísticas exactas es tan sin sentido como disparar un misil crucero y no saber si dio en el blanco.

El tener metas claras y definidas genera pasión, porque las metas están claramente conectadas a alcanzar una ciudad para Jesús. Posteriormente Mario me dijo: «Aquellos que desprecian las estadísticas de crecimiento son los mismos que no tienen nada que decir sobre éste».

Las estadísticas de Elim hablan fuertemente de sus prioridades. El hecho que ellos cuenten el número de gentes en las células masque el número de gentes en los servicios de celebración revela sus prioridades.

Una organización bien dirigida

Algunos describen a la gente latina como desordenada; esto no es cierto en Elim. ¡Esta iglesia puede ampliar la comprensión que cualquiera pueda tener acerca de la organización en Latinoamérica! Debe notarse que el genio organizacional de Elim no es el resultado de la influencia norteamericana, puesto que Elim nunca ha estado influenciada por misioneros norteamericanos; es más, la iglesia ha logrado que el pueblo latino vea el beneficio de la organización y precisión organizacional.

La iglesia usa estadísticas, gráficas y porcentajes para determinar exactamente dónde se encuentran en cualquier momento dado; las metas se establecen y se siguen en cualquier nivel. A través de la organización del sistema celular, cada persona individual está conectada al sistema, cada coordinador de distrito, cada pastor de zona, cada supervisor y cada líder conocen exactamente qué hacer para que el sistema funcione efectivamente.

Esto pudiera parecer extraño a aquellos que tienen la noción errónea de que llevar estadísticas exactas no es espiritual o es demasiado mecánico. Elim ve esto como una buena mayordomía, consideran sus estadísticas como representaciones de almas vivientes y con aliento que se balancean entre el cielo y el infierno.

Cómo se recogen las estadísticas

El proceso normal de recogida de estadísticas en Elim sigue un patrón claro:

- El líder llena su reporte y se lo da al supervisor.
  - El líder puede dar el reporte al supervisor el sábado por la noche, puesto que éste normalmente rota entre sus 5 o 6 células.
  - El líder puede dárselo al supervisor mientras espera el bus que los llevará al servicio de celebración. Los líderes pueden dar los reportes al supervisor en ese momento debido a que el supervisor está a cargo de contratar el bus y dado que los líderes y el supervisor de un sector en particular esperan juntos por el autobús en un mismo lugar.
- El supervisor lleva los reportes al Pastor de zona durante el servicio del domingo. Ya que cada distrito tiene una hora en particular para su servicio, los Pastores de zona permanecen en sus oficinas esperando a que se les entreguen los reportes.
- El Pastor de zona hace un reporte general de los reportes de los supervisores, el cual se los entrega al Pastor de distrito.

- Los Pastores de distrito dan su reporte a la administración. Ésta elabora un sólo reporte que es colocado en el escritorio del Pastor General el martes por la mañana.
(Ver figura 3 en página siguiente.)

El seguimiento estadístico de cada reunión les provee a los Pastores y a los supervisores la oportunidad de analizar el progreso de cada célula; también motiva a los líderes a continuar esforzándose por alcanzarlo. Más allá de los datos estadísticos, es el buen funcionamiento del sistema Jetro lo que provee ayuda y entrenamiento para los líderes de célula. Estos dos aspectos del sistema celular ayudan a las células a mantener su ritmo de crecimiento.

Formulario del líder de la célula	Los líderes completan este formulario después de cada reunión de sábado por la noche y lo entregan al supervisor el domingo por la mañana. El formulario contiene: código de célula, lugar y hora de reunión, asistencia a la célula, y a la iglesia, conversiones, reconcilios, bautismos en agua y en el Espíritu, ofrenda (la de la iglesia y la del bus) y un espacio para dos firmas (la del líder y la del anfitrión.)
Formulario del supervisor	El domingo los supervisores deben completar un formulario general que sintetiza la información de los formularios de célula y presentarlo al Pastor de zona.
Formulario del Pastor de zona	El lunes, los Pastores de zona deben sintetizar la información de los formularios de cada supervisor y ponerlo en la computadora. (Cada oficina de distrito tiene una computadora.)
Formulario del Pastor de distrito	El lunes, el Pastor de distrito da una síntesis de los resultados de sus Pastores de zona. Le entrega estos resultados a la administración. La administración elabora un resumen de todas las estadísticas semanales para entregárselas al Pastor General el martes por la mañana.

Oficinas de las células
Las oficinas de las células en Elim San Salvador forman un anillo alrededor del auditórium principal. La primera cosa que podemos ver cuando se entra a la iglesia son las oficinas de las células. ¿Necesita alguien consejo en Elim? Simplemente, va a su oficina de distrito geográfico en particular.

Ministerio para el transporte en bus
Elim es una iglesia que abarca una ciudad completa, y cuyo objetivo es alcanzar a los dos millones que habitan el área metropolitana de San Salvador. Debido a que la mayoría de la gente no tienen vehículos y la iglesia está construida en las afueras de la ciudad, el transporte es un factor de importancia. Elim hace frente a este problema contratando 600 buses para llevar a las más de 35,000 personas a los servicios de celebración. Los mismos grupos celulares recogen ofrendas para el alquiler de estos buses urbanos; los buses esperan en la iglesia hasta que el servicio finaliza y transportan de nuevo a la gente de vuelta a sus hogares.

Buscando obreros
Elim busca a todos los obreros para sus diferentes ministerios en los distritos; los cuales tienen su propio servicio dominical cada domingo. ¡Todos los que laboran en el servicio de celebración del domingo son líderes! De esta manera no hay competencia entre los ministerios de la iglesia y las células, que son el corazón de la iglesia. También es lógico que aquellos que están en el campo de batalla, tengan el privilegio de servir el domingo.

Las ofrendas en las células
El llevar las ofrendas a Elim les ayuda a dar a las células un sentido de responsabilidad. Ni una vez sentí que se suplicara por dinero durante la recolección de las ofrendas en la célula, más bien funcionó como un vehículo que conecta el enfoque de la célula con el enfoque del culto de celebración.

Los tesoreros son los destinados para llevar el dinero de cada célula a la iglesia. Estos tesoreros fielmente llevan el dinero a la iglesia el domingo. Me quedé asombrado por el orden y la organización de primera clase que tiene la iglesia Elim. Cada líder lleva la ofrenda que ha sido recogida durante la reunión de célula y la deposita en el lugar asignado durante el servicio de celebración. Personal entrenado cuenta los miles de sobres todo el día, y dado que dos personas firman para constatar cada ofrenda en la célula, no se preocupan del robo u otros problemas.

Acción social

Elim realiza un esfuerzo diligente para cuidar de las necesidades de la gente pobre, el canal normal es a través de cada célula. Los líderes de célula y los miembros conocen quienes están sufriendo física o financieramente y son capaces de ministrar personalmente para esas necesidades. A estos necesitados les ayudan dándoles una ofrenda, brindándoles asistencia personal o dándoles víveres como frijoles o arroz.

Más allá de las células, Elim tiene un anciano cuya única función es cuidar de las necesidades sociales de la gente. Si la célula o la zona no puede satisfacer determinada necesidad, se le informa al anciano. Elim le ha dado a este anciano la autorización para usar una cierta cantidad de dinero aprobada por mes. El anciano decide si el caso merece o no una consideración financiera: Mario me dijo: «es mejor si la persona tiene una recomendación del Pastor o de alguien en la célula».

Elim está constantemente trabajando para movilizar a sus médicos para ayudar a los que tienen necesidades en la iglesia; estos médicos, van igualmente a la gente pobre del campo para ministrarlos en sus necesidades.

Elim también está estableciendo lazos cercanos con Compasión Iternacional, una organización mundial que se especializa en ministrar a los niños pobres y necesitados.

Alcance al máximo

Elim ha mantenido la meta de duplicar los grupos celulares y la membrecía de la célula cada año, una de las razones de que todas las células tengan la misma meta es que así todos los líderes estén en el mismo nivel estadístico; la otra razón es proveer una meta ambiciosa que motive al liderazgo de célula.

Aunque en el pasado esta meta no ha estado cercanamente a ser cumplida, se me dijo que el liderazgo latino suele alcanzará sólo lo que se espera; bajar la meta al 50% causaría que ellos alcanzaran menores resultados.

Todos los líderes (líderes de células, supervisores, líderes de zona y de distrito) son reconocidos de acuerdo a cuan cerca llegaron de duplicar el número de grupos celulares, la asistencia a las células, las conversiones en células y los bautismos en agua. Se le da una valoración a cada categoría: Al crecimiento de nuevas células se da el 30%; al porcentaje de asistencia de adultos a la célula el 25%; al crecimiento de la asistencia de niños a la célula el 5%; a las conversiones el 20%, a los bautismos el 20%. [30]

El Pastor Mario es muy consciente de que sus líderes deben mantener una motivación santa y no enfocarse en la competición,[31] la demasiada competencia ha obstaculizado a Elim. Algunos líderes inflaban los números para aparecer más arriba en la lista o simplemente para recibir mayor reconocimiento. Abrían grupos rápidamente sin un liderazgo sólido; por esta razón algunos grupos carecen de un líder permanente.

Uno de los principales objetivos del Pastor Vega, en la actualidad, es asegurarse que cada grupo tenga su propio líder y que un supervisor no tenga que liderar células sin líder. Por esta razón la inmensa pancarta de plástico arriba del púlpito para el 2003 se leía como sigue: «600 células nuevas: que cada célula tenga su propio líder y que cada líder tenga solamente una célula».

Cuando Mario llegó, comenzó a eliminar mucho de la competición, reconoce a aquellos que hacen un gran trabajo, pero no se les paga incentivos. Los Pastores han realmente apreciado el nuevo énfasis de Mario. No obstante, la iglesia continua reconociendo a los Pastores en una lista que todos pueden ver. Algunas veces Mario presenta a los que han alcanzado sus metas ante la congregación, Mario cree que es muy positivo conocer los logros de un trabajo bien hecho, después la iglesia ora por aquellos que reciben tal reconocimiento.

Capítulo Once

Celebración con visión

Blanca López fue liberada mediante el ejercicio de los dones durante el culto de celebración. Con anterioridad, el esposo de Blanca le había abandonado a ella y a sus hijos, a quienes tuvo que criar sola, pasando a través de muchas dificultades económicas como madre soltera.

En 1990 conoció a Jesucristo en Elim. Un día se sintió muy deprimida debido a sus dificultades económicas; comenzó a quejarse ante Dios, diciéndole que aunque ella había sido muy fiel en servirle a él, él no había puesto su parte del trato.

Cuando ella notaba las bonitas casas, se quejaba aún más preguntándose por qué los incrédulos tenían aún más que ella o tenían mejores cosas que ella. A pesar de lo que sentía, decidió asistir al servicio de celebración. Se sentó en el último asiento del auditorio, queriendo quedarse a solas con Dios. Cuando algunos de los hermanos ejercitaban sus dones en el servicio de celebración, alguien profetizó repitiendo palabra por palabra las quejas que ella le había estado diciendo a Dios.

«¿Por qué te preocupas tanto por aquellos que tienen mucho dinero? ¿No crees que yo te amo? Ahora te mostraré cómo resolveré tus dificultades.»

Al oír estas palabras, Blanca López supo que Dios le estaba hablando directamente a ella, sintió la convicción de Dios respecto a sus quejas, pero también sintió como Dios le llenaba con su paz. Al siguiente domingo, Blanca regresó al servicio de celebración y al finalizar, alguien se le acercó y le preguntó:

—«¿Es usted Blanca?».

—«Sí», respondió ella.

—«El Señor me dijo que le diera esto.»

La mujer le dio un sobre y Blanca lo tomó, no teniendo ni idea delo que había dentro. Cuando la mujer se fue, Blanca abrió el sobre y descubrió que tenía la cantidad exacta de dinero que necesitaba para cubrir su necesidad económica. El amor de Dios llevó a Blanca a servirle a pesar de sus dificultades. Actualmente es supervisora de células en el distrito número 8.

Elim pone pasión en todo lo que hace y el servicio de celebración no es la excepción. Un amigo mío me acompañó a uno de los servicios de celebración de Elim y se fue impresionado por la pasión que notó en los hermanos durante el servicio. «Sentí que ellos estaban buscando a Jesús con todo su corazón», dijo. La adoración tiene pasión, la oración tiene pasión, y el ejercicio de los dones del Espíritu es hecho con similar pasión.

El orden en la adoración

En cada servicio de adoración hay un momento cuando esperan en el Señor, quieren ver a Jesús manifestándose a sí mismo a través de sus dones, ya sea de lenguas, interpretación de lenguas o de profecía. Elim tiene mucha preocupación por el orden, quieren que los dones se ejerciten de acuerdo al orden bíblico. Cuando alguien habla en lenguas durante el servicio de adoración del domingo siempre hay una interpretación dada decentemente y en orden –pero con pasión.

Debido a que no está presente la misma autoridad, Elim desanima a que se ejerciten los dones en las células. Tanto se preocupan del orden que no quieren que se abuse de los dones; quieren asegurarse que las autoridades apropiadas estén presentes para juzgar cuidadosamente el don de profecía o de lenguas.

El orden normal de celebración de Elim incluye lo siguiente:

- Lectura de una porción bíblica.
- Adoración (de 30 a 35 minutos)
- Dones del Espíritu (Durante aproximadamente 15 minutos.)
    o No más de tres lenguas, interpretaciones y profecía.
    o Estrictamente siguen 1ª de Corintios 14:27-29 que dice:«Si habla alguno en lengua extraña, sea esto por dos, o a lo más tres, y por turno; y uno interprete. Y si no hay intérprete, calle

en la iglesia, y hable para sí mismo y para Dios. Asimismo, los profetas hablen dos o tres, y los demás juzguen».

o Uno de los Pastores de Elim me dijo una verdad simple:«Si un Pastor quiere que otros ejerzan los dones, él debe hacerlo primero, él debe tener estos dones y ejercitar los libremente si espera que otros lo sigan».

• Bienvenida a las personas que vienen por primera vez y tiempo de saludos.
• Ofrenda
• Predicación que dura entre 45 minutos a una hora.

Un servicio de adoración normal dura dos horas, la celebración es un tiempo refrescante espiritualmente; la gente se va emocionada habiendo sido tocada por el Dios viviente.

El llamado al altar durante la celebración

Algunos creen que el servicio de celebración que las células hacen en la iglesia se enfoca totalmente en los creyentes, «das células evangelizan y la celebración edifica» es el pensamiento de muchos. Elim escapa de esa clasificación, Elim recoge la cosecha en ambas; es decir, en la célula y en el servicio de celebración.

Elim San Salvador da mensajes de salvación en los servicios de adoración y aproximadamente 50 personas reciben a Cristo en cada uno de sus servicios de adoración del domingo.

Eventos masivos

El 23 de noviembre de 2002 la iglesia Elim en San Salvador, El Salvador, reunió más de 150,000 personas en un evento de celebración masivo en donde el Pastor General Mario Vega se dirigió a la concurrencia.

La gente en San Salvador se renovó y fortaleció por este evento masivo. La canción tema fue «Aún es Tiempo de Restauración«. El pastor Cho, aunque no estuvo presente en el evento masivo, llevó acabo el seminario preliminar al cual asistieron 900 pastores de 13países.

Elim no cobra por estos eventos, ellos quieren dar de gracia lo que han recibido de gracia. José Bruno que asistió al evento dijo:

«Los seminarios fueron completamente gratis, no nos cobraron por el libro de trabajo ni trataron de vendernos nada, tampoco nunca ni siquiera sugirieron una ofrenda de amor para cubrir nada; fue un acto increíble de verdadero servicio al reino de Dios y a sus siervos... realmente reforzó en todos nosotros el hecho de que la iglesia celular crece a causa de un poderoso ejército de ministros laicos y no por el carisma de un solo hombre.

La transparente personalidad de Mario Vega y su humildad evidente fue muy refrescante. Los seminarios fueron presentados profesionalmente usando el programa Power Point, siempre a tiempo, hecho con excelencia y basado en los principios. El mensaje fue evangelizador y me gustó ver a muchos de los líderes de célula testificar y animar a los no creyentes a aceptar a Cristo y caminar al frente durante el llamado al altar».

Después del evento, en uno de los diarios locales podía leerse que el hermano Mario Vega predicó un mensaje de esperanza a la gente esclavizada a las adicciones, vicios, violencia y crimen; el artículo citaba a Mario Vega diciendo: «queremos decirles a ustedes ahora que Jesucristo es la respuesta, él les ayudará a dejar esa vida de pecado, acérquense a él».[32]

Capítulo Doce

El poder en el aire: tomando la ciudad a través de las ondas radiales

El 13 de enero de 2001 Mario Vega estaba comprando libros cristianos en la librería de Sociedades Bíblicas en San Salvador, El Salvador junto con su hijo José de 10 años. El administrador de la librería amablemente abrió la puerta a Mario e inmediatamente la cerró con llave cuando éste hubo entrado. Esto lo hace puesto porque ha habido muchos robos en el área. Una vez dentro, Mario saludó al administrador y a la persona a cargo de la venta de libros; el hijo de Mario pronto comenzó a leer uno de los libros mientras Mario examinaba los diferentes libros en la librera. Eran las 11:35 de la mañana. En ese momento comenzó el terremoto, al principio era muy suave, casi imperceptible.

En un país como El Salvador, donde los temblores son muy frecuentes, las personas desarrollan cierto instinto de medir la intensidad del sismo. Mario había desarrollado un mecanismo que se dispara cuando el nivel de peligro sobrepasa un cierto punto. Su mecanismo interno de peligro se activó ese día y aunque el terremoto aún era muy suave, puso todo lo que tenía en sus manos en un escritorio e inmediatamente tomó a su hijo, que aún no se había dado cuenta delo que estaba sucediendo. Mientras el terremoto se incrementaba en fuerza, comenzó a buscar una estructura sólida bajo la cual pudiera encontrar refugio; Mario no pudo encontrar nada cerca. Cuando el administrador regresó, quedó completamente paralizado por lo que estaba sucediendo. «¡Abra la puerta!», le gritó Mario. Estas palabras devolvieron los sentidos al administrador y cuando hubo salido de la librería, Mario trató de hacer su mayor esfuerzo para tratar de calmara su hijo. Caminando por la calle, podían ver las líneas de electricidad que se movían como hojas en el viento. Los cables rebotaban hacia arriba y hacia abajo. Mario se inclinó hacia su hijo y le dijo: «Mira arriba de ti, mantente alejado de los cables, ya que pueden caer». Su hijo estaba lleno de miedo, Mario podía sentirlo temblar a su lado.

Las alarmas de los carros estaban sonando, y la gente comenzaba a gritar mientras corrían por las calles. Mario continuó caminando, afianzando firmemente la mano de su hijo para evitarle algún daño de los cables sobre sus cabezas. Encontró un lugar que le pareció seguro, pero el terremoto comenzó a crecer en intensidad, el techo de la casa enfrente de ellos cayó a la calle. El hijo de Mario pronto estaba en shock y comenzó a ver alrededor, en toda dirección, aferrándose a Mario por seguridad.

Justo a 3 metros de distancia, tres señoras de una compañía cercana comenzaron a gritar, abrazándose una a la otra con los ojos cerrados. Cuando Mario miró a su derecha, un complejo de apartamentos de 4 pisos comenzó a tambalearse hacia atrás y hacia adelante. De cada piso salían grandes cantidades de polvo, Mario se lamentó por esas personas que estaban en el cuarto piso.

«Si éste hubiera sido como la mayoría de los terremotos, a este punto ya habría comenzado a disminuir», pensó Mario. Pero éste se volvía aún más fuerte. La tierra se movía bajo sus pies; era una sensación muy extraña sentir que la tierra se comportaba tan erráticamente. La gente se comenzó a caer al suelo; en ese momento Mario tomó a su hijo en sus brazos y repentinamente el temblor comenzó a disminuir. En esos breves segundos 1,262 personas perdieron sus vidas, 5,565 fueron heridas y 1,364,160 perdieron sus hogares.[33]

Un par de horas después del terremoto, Mario recibió una llamada diciéndole que el edificio de reuniones de la juventud había recibido un daño severo. Inmediatamente Mario se dirigió a la iglesia, a su llegada pudo ver cómo el techo había caído hacia adentro, el sistema eléctrico había recibido daños grandes y había 17 ventanas rotas. Puesto que el auditorio juvenil está justo al lado del auditorio principal, se preguntaba si se corría algún riesgo adicional en la estructura. El terremoto había ocurrido un día sábado. Los domingos por lo general hay una asistencia a la iglesia de 35,000 personas que asisten a los 6 servicios de celebración; la gente sabe que después del terremoto sigue el pánico. De hecho, el mismo día del terremoto hubo 365 temblores pequeños.

La radio movilizó al pueblo

El Señor le mostró a Mario que nadie podía asistir a los servicios de celebración en el auditórium principal; era demasiado arriesgado. Pero ¿cómo podía avisarles a las personas de estas disposiciones? Uno de los 76 pastores sugirió que Elim tuviera servicios en toda la ciudad, bajo cada Pastor de zona que estaría encargado de organizara su gente para reunirse. Era una gran idea pero ya era sábado por la noche, no había electricidad en la ciudad, el sistema telefónico escasamente funcionaba. ¿Qué iban a hacer con las 116,000 personas que asisten a las células semanalmente? ¿Cómo podía Elim darles la información que necesitaban de inmediato?

Los ingenieros de mantenimiento de Elim, los operadores de la planta de transmisión de la radio y otros hermanos trabajaron arduamente durante toda la noche para restablecer el fluido eléctrico de los cuatro kilómetros de línea que había sido cortada. En este trayecto, la calle quedó completamente aterrada por toneladas de tierra que cayeron de los bordes.

Los ingenieros, sin más medios mecánicos que sus manos y algunas herramientas, escalaban por los postes para ir restableciendo las líneas del tendido eléctrico.

El domingo por la mañana fue restablecido finalmente el fluido eléctrico y la radio comenzó a funcionar. Elim anunció el plan a las 8 de la mañana del domingo, ¡aún cuando el primer servicio comenzaba a las 7:30 de la mañana!

Cuando Mario llegó a la iglesia, ya había gente a los alrededores tratando de entrar al edificio. Los líderes de la iglesia evitaron que las personas entraran por razones de seguridad. A través de la radio, Mario compartió con la iglesia la condición de los edificios y el plan de reunirse en toda la cadena de células en toda la ciudad. Mario les pidió a los líderes y a los Pastores organizar servicios y comunicar todos los detalles a través de la radio.

Los supervisores de sector comenzaron a contactar a los líderes y juntos permanecieron en contacto con los Pastores de zona. En cuestión de minutos los líderes comenzaron a comunicarse a través de la radio indicando a su gente qué hacer y adónde reunirse. Las células formaron reuniones multitudinarias en las calles, escuelas, parques y plazas. Con la ayuda de la radio, la iglesia fue capaz de dar información a las más de las 116,000 personas que asisten semanalmente a las células. La gente se volvió en masa a cada uno de sus servicios de célula. El evangelio era predicado y cientos de personas dieron sus vidas a Jesucristo.

Dado que la estructura celular de Elim es geográfica, fue fácil la comunicación de información con los que ayudaban a aliviar la situación. Elim identificó la extensión de los daños en cada parte de la ciudad, pues los reportes fluían de los líderes de células al líder de sector, y al Pastor de zona, para llegar finalmente al Pastor de distrito.

Cuando la información llegaba, era anunciada a través de la radio. Al oír la noticia del desastre, algunos sugirieron la necesidad de recolectar comida, ropa y agua potable para los afectados y pidieron a la gente llevar la ayuda a la iglesia. Cuando Mario salió de la estación de radio al mediodía descubrió una montaña enorme de donativos. Uno de los Pastores se ofreció a distribuirlas y Mario le dio autoridad para dirigir la operación de distribución.

Elim fue la primera en llegar a las áreas de la ciudad afectadas por el desastre –aun antes de que el gobierno pudiera ayudar a las víctimas. En 24 horas, Elim estaba ministrando a las masas golpeadas por el dolor. Esto fue posible debido a la estructura celular. Los Pastores de zona de Elim, los supervisores y los líderes fueron la clave en pasar la información y administrar las necesidades.

Durante este tiempo, mientras el gobierno estaba recolectando información acerca de la extensión de los daños y trataba de organizarse, Elim ya tenía un informe completo a través de su sistema celular y había recolectado una enorme cantidad de ayuda material.

En los tiempos de crisis mucha gente busca a Dios, desafortunadamente muchas iglesias no están preparadas para recoger la cosecha. Debido a su sistema celular que les ayudó a tomar decisiones rápidamente Elim incrementó su asistencia en 11,366 personas. Retener tan grande incremento no fue difícil, debido a que contaban con 8,600 células para hacer el trabajo de ministrar a la iglesia. Sin la ayuda de los 8,600 líderes habría sido imposible ayudar y cuidar de los miles que se habían añadido al reino de Dios.

La asistencia ha sido tan grande que el auditórium de Elim con 5,492 sillas ha sido insuficiente para contener la cosecha. De hecho antes del terremoto, Elim había dividido a la congregación en dos partes; así una parte asistía a la iglesia los lunes y miércoles y la otra mitad los jueves y viernes; pero ahora, Elim debió dividir a la iglesia en tres partes, usando los viernes y sábados también.

Elim envió 208 toneladas de comida, ropa y abrigo a las familias afectadas y ha reconstruido cientos de casas. Una vez más el trabajo de distribuir el material y la ayuda se hizo a través del sistema celular. Los líderes de Elim saben cómo enfrentar el desastre; afrontaron la crisis con la ayuda de cada miembro de las células, y ofrecieron el consuelo y la esperanza que sólo el evangelio de Jesús puede dar.

Las células y la radio

Elim El Salvador tiene su propia estación de radio y de esta manera puede conectar al ministerio celular íntimamente con sus otros programas. En todo el país la gente sintoniza la radio de Elim para escuchar música, recibir enseñanza o instrucciones de la iglesia. Mientras me dirigía a visitar varios grupos celulares en febrero de 2003, pude escuchar música continua y enseñanza bíblica. Salía del carro, asistía al grupo celular y regresaba de nuevo al vehículo para seguir escuchando música: «Por favor asista a su reunión de célula los sábados por las noches», dijo el locutor de la radio. Los que han recibido a Jesús tienen así una forma de permanecer conectados todo el día; se sienten que son parte de un todo más grande.

La radio también da directrices en los diferentes eventos de Elim, en el evento masivo que reunió a 150,000 personas,[34] la radio indicaba al pueblo de Dios cómo llegar, qué hacer y cuándo retirarse. El locutor de la radio también puede dar detalle de eventos más pequeños que se organizan en el ámbito de un distrito o de una zona.

Desde sus inicios la iglesia contó con diferentes programas radiales en diferentes radioemisoras. A mediados de los 80, y conociendo la importancia de la radio, Rafael Martínez el anciano de Elim, apoyó financieramente a Sergio Solórzano en sus planes de comprar la emisora. Solórzano estaba emocionado por la radio, pero no era lo suficientemente organizado para producir los programas, así que le pidió a Mario Vega ayuda y lo hizo responsable de la producción de los programas de enseñanza y de estudio. A su vez, la otra parte de la programación la constituían los mensajes de púlpito de Solórzano. Debido a la falta de recursos todo se grababa en cassettes, Mario incluso grababa la presentación de su programa de doctrinas básicas ¡sosteniendo la grabadora frente a un micrófono!

Mario enseñaba la doctrina bíblica y Sergio Solórzano predicaba. Elim decidió no tener ninguna programación comercial y así lo hace hasta ahora. La radio solamente recibe apoyo por las ofrendas voluntarias de los miembros de la iglesia. Mario estaba tan convencido de la efectividad de la radio, que animó a la iglesia que pastoreaba en Santa Ana a comprar su propia radio estación en 1995. [35]

Mario cree que el sistema celular y el uso de la radio han sido las herramientas principales que Dios ha usado para ayudar a discipular la nación de El Salvador. Él cree que la radio puede darle pasión a la iglesia celular y que puede avivarla en quienes están involucrados.

Capítulo Trece

El ejército se expande a todo el mundo

Elim San Salvador ha plantado iglesias en varios países de América Latina. Más allá de estas iglesias conectadas directamente a Elim, muchas otras iglesias han seguido los principios de Elim y tienen ahora iglesias celulares grandes.

Dos emocionados participantes en un seminario celular que di en Tucson, Arizona, me contaron acerca de una inmensa conferencia sobre iglesias celulares a la que ellos iban a asistir en la ciudad de Guatemala. Me mostraron un panfleto de cómo la conferencia finalizaría llenando un estadio con capacidad para 60,000 personas y recogiendo la cosecha para Cristo, la iglesia a la que ellos se estaban refiriendo se llama *Lluvias de Gracia*.

Edmundo Madrid, Pastor Principal de la iglesia *Lluvias de Gracia* en la ciudad de Guatemala oyó del sistema celular de Elim, pero pensó que nunca funcionaría en Guatemala por ser «demasiado coreano». Madrid decidió probar las aguas y siguió el modelo celular provisto por Elim San Salvador. En la actualidad *Lluvias de Gracia* es la séptima iglesia celular más grande del mundo, pero igualmente importante es la vida de la iglesia que tiene lugar en los miles de pequeños grupos que se reúnen durante la semana. La iglesia ya ha plantado numerosas iglesias y ejemplifica el poder de la iglesia celular para los que viven en Latinoamérica y más allá. [36]

La influencia de Elim puede ser sentida en Honduras también. La iglesia *La cosecha* localizada en San Pedro Sula, Honduras, estudió a la iglesia Elim. Pusieron en práctica los conceptos que aprendieron y la iglesia ha crecido ya a más de 10,000 personas. Regularmente manda sus pastores a iglesia Elim para refrescar la visión y afinar las herramientas de trabajo. En sus comienzos mandaban a todo su equipo pastoral a iglesia Elim para asegurarse que estaban en el camino correcto. [37] La iglesia *La Cosecha* continúa recogiendo la cosecha en Honduras a través de la estrategia de iglesia celular.

Monterrey, México, también tiene una iglesia denominada *Centro Mundial de Oración* el Pastor Principal Noé Salinas, ha plantado tres iglesias y todas llegaron a tener un crecimiento notable. Hace cerca de cinco años decidió plantar su propia iglesia y la comenzó como una iglesia celular. En actualidad, cuenta con 2,000 miembros en células y cerca de 1,000 en la celebración. Mario Vega ha predicado en su iglesia casi cada año. Noé tiene pasión por Jesús y por la iglesia celular. Ha estado en Corea y asiste prácticamente a todas las conferencias en Elim. Noé está usando el mismo modelo que Elim, aunque mantiene su separación. Cuando va a El Salvador se siente fortalecido y animado para continuar.

La plantación de iglesias alrededor del mundo

Elim tiene ahora más de 115 iglesias alrededor del mundo, con cerca de 200,000 personas asistiendo a ellas. Antes de que Elim oficialmente establezca una iglesia, esperan hasta que haya al menos cinco células operando totalmente; después, comienzan con un servicio de celebración. Quieren asegurarse de que el sistema celular está funcionando totalmente antes de que vaya al público. Un aspecto único de la plantación de iglesias celulares de Elim es que tienen sólo una iglesia celular de Elim por ciudad. No plantan iglesias celulares pequeñas en la misma ciudad. Este no ha sido siempre el caso, antes de iniciar con el sistema celular en 1986 Elim tenía muchas iglesias plantadas alrededor de la ciudad, pero fue entonces cuando decidieron conectarlas juntas en un todo mayor. Y han mantenido el principio de una iglesia celular por ciudad. [38]

Misiones alrededor del mundo

Elim Internacional fue creada con el propósito de cuidar por el trabajo que hace Elim en todo el mundo, pero también para animara que haya más misiones en el mundo. Elim Internacional es el cuerpo más alto de funcionamiento de Elim. Cinco Pastores toman parteen esta organización: Dos de Elim San Salvador, uno de Elim en San Miguel, El Salvador, otro de Elim en Perú; y uno de Elim en los Ángeles California; Mario Vega lidera este cuerpo.

Cada iglesia da el 10% de sus diezmos a Elim Internacional para las misiones; igualmente el 15% de las ofrendas que se recogen en las células se destina a Elim Internacional. El comité de cinco miembros de Elim Internacional decide cómo hacer uso de estos fondos; una sección en la guía de estudios de Elim informa a la gente de cómo se gasta el dinero.

Elim ha comenzado un esfuerzo concertado para plantar misiones concebidas como iglesias celulares alrededor del mundo. Mario Vega está al frente de este movimiento de nuevas misiones y tiene interés en llegar hasta los pueblos no alcanzados del mundo, especialmente en Asia y África. Elim esta ahora preparando a su gente para realizar misiones transculturales.

Mario Vega me dijo: «Nuestra meta es preparar misioneros para un trabajo transcultural. Nuestro ministerio en Estados Unidos es para personas hispanohablantes, pero si fuéramos a la India sería algo totalmente diferente, tendríamos que aprender las costumbres yla cultura de la región. La iglesia Elim está abierta a mandar a su gente a través de las agencias misioneras ya existentes. Hay maneras de entrar a los países cerrados a través de las agencias de ayuda cristiana y actualmente estamos explorando esas opciones».

Pasión, pasión y más pasión

Los que entran en contacto con Elim salen más fuertes, tienen más pasión por el trabajo de Dios y son más celosos para servirle. Un participante de célula que fue influido por la pasión de Elim dijo:«Mi pasión había estado enterrada bajo el disfraz del conservadurismo… Elim me mostró que está bien ser lleno del Espíritu». Elim personifica las palabras del apóstol Pablo que dijo: «No me avergüenzo del evangelio de Cristo» (Romanos 1:16).

Elim puede enseñarnos a todos nosotros que Dios tiene pasión por alcanzar las almas perdidas y que desea recogerlas en comunidades celulares. Elim ejemplifica lo que es arder por Jesús: ser caliente, no tibio; estar locos por Jesús más que ser aceptados por el mundo. Dios busca a gente con pasión, en quienes él pueda morar y cambiar al mundo. La iglesia Elim nos conmueve a dar nuestras vidas a Jesús, recoger nuestra cruz diaria y morir al Yo. Nos anima a renovar nuestra propia pasión por

Jesús y a compartir libremente esa pasión. Más que un sistema celular, la iglesia Elim nos enseña que los Cristianos radicales y encendidos pueden desplegar mejor sus alas en una estrategia celular que les dé espacio para ejercitar su pasión. Como Pablo dijo en 1° de Corintios 15:58: «Así que, hermanos míos amados, estad firmes y constantes, creciendo en la obra del Señor siempre, sabiendo que vuestro trabajo en el Señor no es en vano».

Notas

1. Desde 1986 hasta 2001, tres terremotos han sacudido el país dejando miles de fallecidos. El autor se refiere al terremoto de enero de 2001 quefue seguido por otro más tan sólo un mes después. –Nota del traductor.
2. Encarta ® Diccionario de Inglés mundial © 1999 Corporación Microsoft. Todos los derechos reservados. Desarrollado para Microsoft por Blooms-bury Publishing Plc.
3. Jim Collins, Good to Great (New York, NY: HarperCollins Publishers Inc., 2001) pág. 30
4. Íd., pág. 33.
5. Íd., pág. 33.
6. Se llama organización Jetro al modelo basado en una distribución geo-gráfica de distritos, zonas y sectores. Las células deben multiplicarse dentro de esas áreas geográficas y las personas nuevas son asignadas a la célula más cercana a su domicilio. La mayoría de las iglesias celulares alrededor del mundo siguen el modelo Jetro. También se le conoce como modelo «cinco por cinco». –Nota del traductor.
7. Como es citado en The Cell Church Ventura, Ca: Regal Books, 1998. pág. 53.
8. Si Solórzano usaba una frase en particular, los predicadores en ciernes comenzaban a usar la misma frase. Por ejemplo, Solórzano acostumbraba decir «poniéndonos de pie». Todos comenzaron a repetir la misma frase aun cuando lo correcto es decir «pongámonos de pie».
9. Jorge Serrano Elías fue elegido Presidente de Guatemala en enero de1991, pero fue forzado a dejar su posición en junio de 1993 después que trató de asumir poderes dictatoriales (Enciclopedia Británica, 2003).
10. El 23 de noviembre de 1983, el Pastor Mario Vega tratando de recon¬ciliar la situación, escribió el documento: «Declaración final sobre la seguri¬dad del creyente en contra de las posesiones demoníacas». El punto princi¬pal del documento era una defensa de la verdad que los cristianos no pue¬den ser poseídos por demonios. En este documento, Elim de El Salvador explicaba sus puntos de vista en contraste con los de Elim de Guatemala. El documento fue rechazado por el Dr. Ríos Paredes, argumentando que pa¬recía ser las tesis de Lutero. Nunca hubo refutación, ni siquiera discusión

    La posesión de cristianos por demonios no era la única diferencia, Elim de Guatemala también quería deshacerse de los tambores en la adoración, arguyendo que Dios quería que se regresara al estilo de adoración del An-tiguo

Testamento (sin instrumentos de percusión).

11. Pienso que los norteamericanos pueden aprender importantes leccio¬nes de Elim. A muchos Pastores les gusta la idea de las células, pero ven la «iglesia real» solamente en la que asiste el domingo por la mañana y usual-mente las estadísticas de asistencia en día domingo son las únicas que se toman. Elim mide su crecimiento a través de la multiplicación de sus célu-las. Ellos creen claramente que la iglesia tiene lugar en esas células. Si, es la meta que cada miembro de célula también participe en la celebración, perolas células son la fuerza motora de la iglesia. La asistencia del domingo será el resultado de un ministerio celular efectivo –no lo contrario.

12. En 1996, diligentemente inquirí sobre la cantidad de asientos que tenía Elim y recibí diferentes respuestas, llegué a la conclusión que había 6,000 asientos en el santuario principal y 1,000 asientos en un edificio ad¬yacente para jóvenes. Los jóvenes de cada distrito tenían un culto separado de adoración al mismo tiempo que los adultos realizaban el suyo. Estuve presente en todos los servicios del día domingo con la excepción del pri-mero. Tomé en consideración que el domingo en el cual estuve presente era una época baja para la asistencia a la celebración. Con esto en mente, añadí 3,000 adultos a mi estimación.

Al presente, planean continuar añadiendo nuevos servicios. Cada uno de los 9 distritos asisten a los servicios a que han sido asignados en domingo. También estuve en la iglesia Elim en 2003 y observé un incremento de asistencia a sus servicios, pero no hice un conteo concienzudo de la misma.

Tabla de Elim: Datos en la Iglesia Madre	
Celebración en Domingo	1er servicio: 5,750
	2do servicio: 4,000
	3er servicio: 5,500
	4to servicio: 5,000
	5to servicio: 4,500
	6to servicio: 5,250
Adultos en la celebración del Domingo	30,000
Niños en el Domingo	3,000
Asistencia total del Domigno	33,000
Bautismos mensuales	540
Pastores a tiempo completo	76
Total en los 6 cultos de semana por la noche	24,000
Vigilia de oración semanal	3,000

13. Debemos recordar que 116,000 personas asisten a las células, pero solamente un 30% realmente asiste a la celebración. Pero, en el evento anual que es dirigido por las células, asisten 150,000 personas. Este es el evento de Elim. No es como una cruzada de Billy Graham, es una reunión anual de todos los que asisten a los grupos celulares.
¿Debemos considerar los grupos celulares como un grupo compacto de iglesias en casas? Después de todo, los que asisten a las células son considerados parte de Elim. Y estas estadísticas son contabilizadas semanalmente. ¿O solamente debemos contarlos si asisten el día domingo? Los que asisten a las reuniones en las casas reciben la Palabra, oración y minis¬tración. La Palabra de Dios es predicada y aquellos que asisten a las células son cuidados íntimamente (capítulo 11). Cada jueves hay un tiempo para la edificación de los miembros de las células (capítulo 8). Este es el tiempo de ministración para las necesidades de aquellos que asisten a las células. Así que se puede imaginar que aun aquellos que asisten a las células pero no asisten al servicio de adoración cada semana, reciben cuidados en la alta¬mente organizada estructura celular que Elim maneja.
    En un ejército, los soldados son enseñados a seguir órdenes. No se les acepta que hagan sus propias cosas o decidan ir por su propio camino. Han de seguir las órdenes. La iglesia Elim es como un ejército poderoso. La estructura celular cuida del ejército al mismo tiempo que cubre la ciudad entera para Jesus.
La radio está conectada a todo esto. La radio es propiedad de Elim yo frece una programación ininterrumpida, incluyendo invitaciones a todos para asistir a su célula. Es un paquete total. La radio se puede escuchar en Internet en esta dirección: www.elim.org.sv
14. Tanto en la iglesia de Cho como en la iglesia de Castellanos, la mayo¬ría de personas asisten a los grupos celulares.
15. Desde la llegada de Mario, la iglesia ha comprado dos grandes porcio¬nes de tierra, una nueva radio y se preparan para construir un nuevo auditórium.
16. Los cinco puntos del Calvinismo son: Depravación Total, Predestina¬ción Incondicional, Expiación Limitada, Gracia Irresistible y Perseveran¬cia de los Santos.
17. Un grupo de campesinos, por ejemplo, demandaban que el gobierno les diera un huevo por día para comer, los soldados abrieron fuego contra ellos. Los campesinos sólo tienen empleo completo durante la recolección de las cosechas de café y caña. Cada patrono está obligado a darles alimen¬tación. Ésta consiste en fríjoles y tortillas de maíz únicamente. Al presente el huevo todavía no se les da.
18. Mario Vega es un hombre increíble. Escribe un artículo semanal en la prensa nacional de El Salvador, predica siete veces por semana y viaja alre¬dedor

del mundo. Él es también muy introspectivo y no habla mucho. Pero, cuando predica, el techo se derrumba. Sobre todo, Mario está comprometido con la oración y con el ministerio de la Palabra. Él se da cuenta que solamente a través de Dios podrá llevar a cabo cualquier cosa.

19. William A. Beckham, The Second Reformation, pág. 168.
20. Dado el crecimiento sostenido que posee la iglesia Elim en Santa Ana, recientemente se compró una gran porción de tierra al lado del actual auditórium y la iglesia se prepara para construir un nuevo edificio con ca-pacidad para más de 3,000 asientos. Con ello, se reafirmará por muchas décadas en el futuro, que el auditórium más grande de la ciudad está dedi-cado a la gloria de Jesús. –Nota del traductor.
21. Elim San Salvador tiene los estudios de semana por la noche de lunes a sábado, aunque no toda iglesia Elim en el mundo lo hace de la misma manera. Cuando visité Elim en febrero de 2003, estaban estudiando el evangelio de Mateo los lunes, la primera carta de Juan los martes, y la segunda carta a los Corintios el miércoles. Normalmente, Mario Vega toma sólo unos tres versículos cada vez, porque verdaderamente desea profundizar. De jueves a sábado estudian las doctrinas básicas.
22. Mario Vega, el tímido intelectual, estableció la doctrina de Elim mucho tiempo antes. Él estableció la doctrina calvinista cuando Elim apenas comenzaba. Solórzano no entendió el balance de la doctrina como Mario lo hizo. Mario siempre ha creído en la doctrina calvinista, aun desde sus primeros años en la fe cristiana. Dios lo tocó sobrenaturalmente y Mario advirtió en las Escrituras que su salvación era segura. Mario creyó en la doctrina calvinista al mismo tiempo que creyó en el don de hablar en lenguas (en la iglesia Elim la evidencia inicial de haber recibido el bautismo en el Espíritu es hablar en lenguas). Elim cree en la elección, en la predestina-ción y en todos los cinco puntos de Calvino. Para ser una iglesia Elim, hay ciertas cosas que no se pueden cambiar. Una de esas cosas es la doctrina. Para ser una iglesia Elim se tiene que apegarse a la doctrina básica de la iglesia.

Elim no es una iglesia de doctrina calvinista en su totalidad, pero, sí ha incorporado en su doctrina algunos elementos del calvinismo. Solórzano se declaraba calvinista aunque solamente aceptaba del calvinismo los cinco puntos citados. Mario Vega, no obstante, ha ido más adelante con la doctrina calvinista al creer de corazón las posiciones de Calvino sobre el arte, la cultura, la educación, la justicia, la política, el medio ambiente, la renunciación y mucho de las enseñanzas sobre el Reino de Dios. Estas posturas no han sido comprendidas del todo por sus compañeros de ministerio, pues trascienden las 42 doctrinas que Mario ha definido como básicas. Obviamente, también existen enseñanzas de Calvino que Mario no comparte, como las enseñanzas sobre la guerra. Mario Vega es un no-violento de convicción.

23. Algunos podrían acusar a Elim de errar en el aspecto de la interpretación literal de las Escrituras. (e.g., ellos piden a las mujeres que se cubran la cabeza con un manto para el culto público). Pero, el hecho es este: Elim se es fuerza por vivir de acuerdo a todo lo que la Palabra de Dios dice. Ellos creen que la Escritura debe normar nuestras vidas completamente, al 100%, y todo lo que la Escritura enseña debe ser practicado en su totalidad.
24. Elim no practica «los chiflidos en el Espíritu» u otras prácticas cuestionables, porque quieren estar seguros que todo lo que practican está claramente establecido en la Palabra de Dios.
25. Los terremotos ocurrieron en un lapso de 30 días: el 13 de enero y el 13 de febrero. La intensidad del primero fue de 7.3 grados de la escala de Richter y duró 40 segundos. –Nota del traductor.
26. Las metas de la multiplicación de células se hacen cada año para cada zona. Por años, la iglesia Elim en El Salvador, fijaba automáticamente sus metas basadas en el 100% de crecimiento. Si la iglesia tenía 5,000 adultos en células, la meta automática para el año eran 10,000 adultos en células. Cada distrito, zona y sector tenía que duplicarse cada año. El problema fue que la iglesia nunca esperó duplicarse. Los Pastores y los líderes eran colocados en una lista en el orden de cuán cerca ellos habían llegado a la meta de duplicar. De los reportes que yo pude leer, los que ocupaban las posiciones más altas en la lista solamente habían alcanzado el 22% ó 24% de su meta de duplicarse.
27. Para Elim la palabra diácono es lo mismo que ujier, y se refiere a los servidores que velan por el orden durante el servicio en las instalaciones del auditórium. No se refiere, como en algunas iglesias latinoamericanas, a las personas que poseen posiciones de dirección dentro de la iglesia. –Nota del traductor.
28. El equivalente de «coach» en español es entrenador. El término es ampliamente conocido en español por su uso en los deportes; también se usa el barbarismo coachear que significa entrenar, supervisar y dirigir a alguien en la realización de una tarea. Por su amplio significado seguiremos empleando «coach» tal y como la utiliza el autor. –Nota del traductor.
29. Vigilia: Nombre con que se le conoce en El Salvador al servicio de oración de toda la noche. Generalmente, comprende tres servicios de adoración y oración. – Nota del traductor.
30. A diferencia de otras iglesias celulares, los Pastores de zona de Elim no siguen una guía estricta acerca de cuántas personas deben visitar durante la semana.
31. Mario me dijo francamente que el Pastor Solórzano llevó la competición a un extremo. Después de una evaluación, colocaba a los que habían tenido mayores resultados a su derecha y a los que habían tenido los peores los hacía sentarse más lejos. Los salarios comenzaron a incrementarse de acuerdo a las estadísticas. Debido a esta presión, algunos inflaban las cifras,

otros comenzaron a mentir. Si una mujer estaba embarazada podían contar la como dos personas, si alguien pesaba mucho podían considerarle como tres personas. Otros empezaron a «contar por fe» (escribían números «por fe»). Cuando Mario me contó acerca de estas situaciones fantásticas ambos reíamos. Así que estos comentarios son parte del folclore de Elim.

32. Escrito por Wendy Ramos de La Prensa Gráfica. Listado el lunes 9 de diciembre de 2002 en http://www.laprensa.com.sv/archivo_link.asp?day=25&month=11&year=2002.

33. El mismo año en Seattle, Washington, E.U.A. sucedió un terremoto de similar intensidad y de similar duración. El resultado en ese país fue, aparte de daños materiales no significativos, la muerte de una persona a causa de un ataque cardíaco. De esos hechos se pude inferir el estado y las condiciones de construcción que prevalecen en El Salvador donde la mayor parte de casas son construidas de tierra mezclada. –Nota del traductor.

34. El autor se refiere al evento del año 2002 en el Café talón. –Nota del traductor.

35. Mario me dijo: «En Santa Ana crecimos en siete años a cerca de 500personas sin células, con células crecimos a 3,000; pero en 1995, cuando compramos nuestra propia radio, tanto las reuniones de celebración como las de células crecieron mucho más».

36. Esta información viene de Luis Floriano, un Pastor de la iglesia Nazarena de 3,000 miembros en Guatemala. Luis personalmente ha visitado toda iglesia que en Guatemala tiene más de 2,000 personas.

37. Tengo que admitir que he perdido contacto con la iglesia La Cosecha y no conozco su estatus actual. Pienso que mi fuente, René Peñalba, era muy buena y es Pastor Principal en el mismo país. Normalmente un Pastor Principal de otra iglesia grande dará estadísticas exactas o un poco más bajas de las iglesias vecinas.

38. No obstante, en los últimos años, Mario ha estado pensando seriamente en tener iglesias satélites en varias partes de la ciudad para disminuirla carga de transporte a la iglesia madre.

Index

A

Acción social   107
ADN   21, 25, 28, 76
Albert Einstein   36
Alejandro   87, 88
Alianza Cristiana y Misionera   13, 14, 51
Australia   27

B

Bautistas del Sur   13, 51
Bethany World Prayer Center   80
Blanca López   109

C

Calvino   66, 132
Canadá   27
Carlos Ardón   2, 24, 26, 34, 50, 51
Chile   7, 13
Cho   9, 28
Clementino   68
Compasión Iternacional   107
Corea   9, 29, 30, 79, 92, 97, 120
cosecha   19, 34, 111, 117, 119, 120, 123, 125, 126
Costa Rica   27

E

Ecuador   13, 14, 68

Edmundo Madrid   119
Estados Unidos   26, 27, 59, 121
Eulalio Rivera   18
evangelismo   17, 21, 22, 29, 67, 73, 75, 76, 81, 83, 92, 97

G

Galindo   33, 49
Gerardo Andrés Leiva   71, 81
Grupos de 12   15, 126
Guatemala   23, 27, 28, 43, 45, 97, 119, 129, 134
guerra   12, 25, 26, 27, 28, 45, 68, 77, 132

H

Honduras   27, 119, 120

I

Interdenominacionales   51
Isaac Pozo   82, 92

J

Jaime   75, 99
Jetro   21, 89, 105, 129
Joel   1, 2, 4, 7, 8, 9, 13, 123, 125, 126, 127
Joel Comiskey   1, 2, 4, 7, 9, 123, 125, 126, 127

Jorge Galindo   33
Jorge Serrano Elías   27, 129
Josefina López   73

L

Larry Stockstill   54
liderazgo   13, 17, 18, 20, 21, 28, 31, 32, 33, 35, 43, 50, 53, 82, 87, 94, 95, 98, 99, 100, 107, 108, 126, 127
Los Ángeles   34, 59, 80

M

MCI   14, 15
misiones   101, 120, 121
modelo   5, 7, 8, 9, 14, 15, 28, 29, 60, 89, 119, 120, 126, 129

N

Nubia López   74

O

Othoniel Ríos Paredes   23, 27, 28, 43

P

Pasión   12, 18, 20, 121
Pastor de zona   17, 67, 81, 82, 88, 90, 91, 92, 93, 100, 104, 105, 115, 116
penetración   12, 13, 17, 72, 74, 76
persistencia   5, 12, 17, 20, 21
principios   8, 14, 15, 53, 112, 119, 125, 126

R

Radio Restauración   25
Rafael Martínez   29, 97, 117
René Molina   34, 59, 65, 76, 80

S

Salvador Pérez   69
San Salvador   12, 13, 14, 17, 21, 23, 25, 26, 27, 29, 30, 33, 46, 49, 50, 51, 53, 62, 72, 75, 89, 106, 111, 113, 119, 120, 126, 132
Santa Ana   13, 25, 33, 45, 46, 47, 49, 50, 60, 118, 132, 134
Sergio Solórzano   13, 23, 24, 25, 28, 29, 31, 32, 33, 41, 42, 43, 44, 45, 46, 50, 51, 62, 79, 80, 83, 88, 92, 97, 117, 118
servicio   17, 19, 20, 26, 31, 39, 41, 43, 45, 47, 57, 65, 66, 67, 82, 87, 91, 93, 94, 96, 98, 104, 106, 107, 109, 110, 111, 112, 115, 130, 131, 133
supervisor   12, 67, 72, 78, 81, 87, 88, 90, 91, 99, 100, 101, 104, 105

T

Tiempo de Restauración   111

W

Wadner Gill   11, 12
William   38, 39, 40, 41, 54, 132
William Beckham   54

Recursos de Joel Comiskey

Los libros previos en español de Joel Comiskey cubren los siguientes temas:
- Dirigiendo un grupo celular (*Cómo dirigir un grupo celular con éxito*, 2001)
- Cómo multiplicar el grupo celular (*La explosión de los grupos celulares en los hogares*, 1998)
- Cómo prepararse espiritualmente para el ministerio celular (*Una cita con el Rey*, 2002)
- Cómo organizar en forma práctica su sistema de células (*Recoged la cosecha*, 2001, 2011)
- Cómo entrenar futuros líderes de células (*La explosión de la iglesia celular*, 2004)
- Cómo dar mentoría/cuidar de líderes celulares (*Cómo ser un excelente asesor de grupos celulares*, 2003; *Grupos de doce*, 2000; *De doce a tres*, 2002)
- Principios de la segunda iglesia más grande del mundo (*Elim*, 2004).
- Cómo funciona una iglesia celula en Norteamérica (*La Iglesia que se multiplica*, 2007)
- Cómo plantar una iglesia (*Plantando iglesias que se reproducen*, 2010)
- Cinco libros de capacitación (*Viva, Encuentro, Crezca, Comparta, Guíe*, 2010)

Se puede conseguir todos los libros listados de
"Joel Comiskey Group" llamando al
1-888-344 CELL (2355)
por hacer un pedido por Internet en
www.joelcomiskeygroup.com
info@joelcomiskeygroup.com

Como dirigir un grupo celular con éxito:
para que las personas quieran regresar

¿Anhela la gente regresar a vuestras reuniones de grupo cada semana? ¿Os divertís y experimentáis gozo durante vuestras reuniones? ¿Participan todos en la discusión y el ministerio? Tú puedes dirigir una buena reunión de célula, una que transforma vidas y es dinámica. La mayoría no se da cuenta que puede crear un ambiente lleno del Señor porque no sabe cómo. Aquí se comparte el secreto. Esta guía te mostrará cómo:

- Prepararte espiritualmente para escuchar a Dios durante la reunión
- Estructurar la reunión para que fluya
- Animar a las personas en el grupo a participar y compartir abiertamente sus vidas
- Compartir tu vida con otros del grupo
- Crear preguntas estimulantes
- Escuchar eficazmente para descubrir lo que pasa en la vida de otros
- Animar y edificar a los demás miembros del grupo
- Abrir el grupo para recibir a los no-cristianos
- Tomar en cuenta los detalles que crean un ambiente acogedor.

Al poner en práctica estas ideas, probabas a través del tiempo, vuestras reuniones de grupo llegarán a ser lo más importante de la semana para los miembros. Van a regresar a casa queriendo más y van a regresar cada semana trayendo a personas nuevas con ellos. 140 páginas.

La explosión de los grupos celulares en los hogares; Cómo su grupo pequeño puede crecer y multiplicarse

Este libro cristaliza las conclusiones del autor en unas 18 áreas de investigación, basadas en un cuestionario meticuloso que dio a líderes de iglesias celulares en ocho países alrededor del mundo—lugares que él personalmente visitó para la investigación. Las notas detalladas al fin del libro ofrecen al estudiante del crecimiento de la iglesia celular una rica mina a seguir explorando. Lo atractivo de este libro es que no sólo resume los resultados de su encuesta en una forma muy convincente sino que sigue analizando, en capítulos separados, muchos de los resultados de una manera práctica. Se espera que un líder de célula en una iglesia, una persona haciendo sus prácticas o un miembro de célula, al completar la lectura de este libro fácil de leer, ponga sus prioridades/valores muy claros y listos para seguirlos. Si eres pastor o líder de un grupo pequeño, ¡deberías devorar este libro! Te animará y te dará pasos prácticos y sencillos para guiar un grupo pequeño en su vida y crecimiento dinámicos. 175 páginas.

Una cita con el Rey:
Ideas para arrancar tu vida devocional

Con agendas llenas y largas listas de cosas por hacer, muchas veces la gente pone en espera la meta más importante de la vida: construir una relación íntima con Dios. Muchas veces los creyentes quieren seguir esta meta pero no saben como hacerlo. Se sienten frustrados o culpables cuando sus esfuerzos para tener un tiempo devocional personal parecen vacíos y sin fruto. Con un estilo amable y una manera de escribir que da ánimo, Joel Comiskey guía a los lectores sobre cómo tener una cita diaria con el Rey y convertirlo en un tiempo emocionante que tienes ganas de cumplir. Primero, con instrucciones paso-a-paso de cómo pasar tiempo con Dios e ideas prácticas para experimentarlo con más plenitud, este libro contesta la pregunta, "¿Dónde debo comenzar?". Segundo, destaca los beneficios de pasar tiempo con Dios, incluyendo el gozo, la victoria sobre el pecado y la dirección espiritual. El libro ayudará a los cristianos a hacer la conexión con los recursos de Dios en forma diaria para que, aún en medio de muchos quehaceres, puedan caminar con él en intimidad y abundancia. 175 páginas.

Recoged la cosecha;
Como el sistema de grupos pequeños puede hacer crecer su iglesia

¿Habéis tratado de tener grupos pequeños y habéis encontrado una barrera? ¿Os habéis preguntado por qué vuestros grupos no producen el fruto prometido? ¿Estáis tratando de hacer que vuestros grupos pequeños sean más efectivos? El Dr. Joel Comiskey, pastor y especialista de iglesias celulares, estudió las iglesias celulares más exitosas del mundo para determinar por qué crecen. La clave: han adoptado principios específicos. En cambio, iglesias que no adoptan estos principios tienen problemas con sus grupos y por eso no crecen. Iglesias celulares tienen éxito no porque tengan grupos pequeños sino porque los apoyan. En este libro descubriréis cómo trabajan estos sistemas. 246 páginas.

La Explosión de la Iglesia Celular: Cómo Estructurar la Iglesia en Células Eficaces (Editorial Clie, 2004)

Este libro se encuentra sólo en español y contiene la investigación de Joel Comiskey de ocho de las iglesias celulares más grandes del mundo, cinco de las cuales están en Latinoamérica. Detalla cómo hacer la transición de una iglesia tradicional a la estructura de una iglesia celular y muchas otras perspicacias, incluyendo cómo mantener la historia de una iglesia celular, cómo organizar vuestra iglesia para que sea una iglesia de oración, los principios más importantes de la iglesia celular, y cómo levantar un ejército de líderes celulares. 236 páginas.

Grupos de doce; *Una manera nueva de movilizar a los líderes y multiplicar los grupos en tu iglesia*

Este libro aclara la confusión del modelo de Grupos de 12. Joel estudió a profundidad la iglesia Misión Carismática Internacional de Bogotá, Colombia y otras iglesias G12 para extraer los principios sencillos que G12 tiene para ofrecer a vuestras iglesias. Este libro también contrasta el modelo G12 con el clásico 5x5 y muestra lo que podéis hacer con este nuevo modelo de ministerio. A través de la investigación en el terreno, el estudio de casos internacionales y la experiencia práctica, Joel Comiskey traza los principios del G12 que vuestra iglesia puede ocupar hoy. 182 páginas.

De doce a tres: *Cómo aplicar los principios G12 a tu iglesia*

El concepto de Grupos de 12 comenzó en Bogotá, Colombia, pero ahora se ha extendido por todo el mundo. Joel Comiskey ha pasado años investigando la estructura G12 y los principios que la sostienen. Este libro se enfoca en la aplicación de los principios en vez de la adopción del modelo entero. Traza los principios y provee una aplicación modificada que Joel llama G12.3. Esta propuesta presenta un modelo que se puede adaptar a diferentes contextos de la iglesia.

La sección final ilustra como implementar el G12.3 en diferentes tipos de iglesias, incluyendo plantaciones de iglesias, iglesias pequeñas, iglesias grandes e iglesias que ya tienen células. 178 paginas.

Explosión de liderazgo; *Multiplicando líderes de células para recoger la cosecha*

Algunos han dicho que grupos celulares son semilleros de líderes. Sin embargo, a veces, aún los mejores grupos celulares tienen escasez de líderes. Esta escasez impide el crecimiento y no se recoge mucho de la cosecha. Joel Comiskey ha descubierto por qué algunas iglesias son mejores que otras en levantar nuevos líderes celulares. Estas iglesias hacen más que orar y esperar nuevos líderes. Tienen una estrategia intencional, un plan para equipar rápidamente a cuantos nuevos líderes les sea posible. En este libro descubriréis los principios basados de estos modelos para que podáis aplicarlos. 202 páginas.

Elim; *Cómo los grupos celulares de Elim penetraron una ciudad entera para Jesús*

Este libro describe como la Iglesia Elim en San Salvador creció de un grupo pequeño a 116.000 personas en 10.000 grupos celulares. Comiskey toma los principios de Elim y los aplica a iglesias en Norteamérica y en todo el mundo. 158 páginas.

Cómo ser un excelente asesor de grupos celulares; Perspicacia práctica para apoyar y dar mentoría a líderes de grupos celulares

La investigación ha comprobado que el factor que más contribuye al éxito de una célula es la calidad de mentoría que se provee a los líderes de grupos celulares. Muchos sirven como entrenadores, pero no entienden plenamente qué deben hacer en este trabajo. Joel Comiskey ha identificado siete hábitos de los grandes mentores de grupos celulares. Éstos incluyen: Animando al líder del grupo celular, Cuidando de los aspectos múltiples de la vida del líder, Desarrollando el líder de célula en varios aspectos del liderazgo, Discerniendo estrategias con el líder celular para crear un plan, Desafiando el líder celular a crecer.

En la sección uno, se traza las perspicacias prácticas de cómo desarrollar estos siete hábitos. La sección dos detalla cómo pulir las destrezas del mentor con instrucciones para diagnosticar los problemas de un grupo celular. Este libro te preparará para ser un buen mentor de grupos celulares, uno que asesora, apoya y guía a líderes de grupos celulares hacia un gran ministerio. 139 páginas.

Cinco libros de capacitación

Los cinco libros de capacitación son diseñados a entrenar a un creyente desde su conversión hasta poder liderar su propia célula. Cada uno de estos cinco libros contiene ocho lecciones. Cada lección tiene actividades interactivas que ayuda al creyente reflexionar sobre la lección de una manera personal y práctica.

Viva comienza el entrenamiento con las doctrinas básicas de la fe, incluyendo el baptismo y la santa cena.

Encuentro guíe un creyente a recibir libertad de hábitos pecaminosos. Puede usar este libro uno por un o en un grupo.

Crezca explica cómo tener diariamente un tiempo devocional, para conocer a Cristo más íntimamente y crecer en madurez.

Comparta ofrece una visión práctica para ayudar a un creyente comunicar el evangelio con los que no son cristianos. Este libro tiene dos capítulos sobre evangelización a través de la célula.

Guíe prepare a un cristiano a facilitar una célula efectiva. Este libro será bueno para los que forman parte de un equipo de liderazgo en una célula.

www.ingramcontent.com/pod-product-compliance
Lightning Source LLC
Chambersburg PA
CBHW070449050426
42451CB00015B/3402